克里希那穆提——著 蔡孟璇——譯

你就是世界

J. KRISHNAMURTI

克里希那穆提 90篇經典對話錄

THE WORLD WITHIN：
YOU ARE THE STORY OF HUMANITY

目錄

推薦序——走上自力覺醒的道路

占星之門創辦人　安格斯

我是克里希那穆提（以下簡稱克氏）教誨的受惠者，未來擁有這本書的你，也同樣會受益於克氏，一起走在自力覺醒的道路上。

當出版社邀請我為本書寫些文字時，我的內心是激動的。一方面是，能在克氏的書上分享自己的經驗，是此生莫大的榮幸；另一方面，自己卻感到有些難為情，因為我只是個普通人，走在覺醒路上的眾生之一，實在很難為讀者帶來任何原創性的內容。

因此，如果可以，請允許我以個人閱讀、學習、領悟、實踐克氏教誨的經驗為主題來分享一些看法，希望能對您有些幫助。

故事就從我那段失眠的日子開始說起吧！因為個人原生家庭的課題，從小隱藏在內心深處的不安全感與恐懼，導致我渴望成功的人格特質，經常逼著自己非要做些事業不可。

在那樣的自我要求與強烈執著下，我經常因腦中思緒無法放鬆而失眠，斷斷續續時間長達將近兩年之久。有時候我會服用安眠藥，但是內心卻又很擔心藥物依賴問題。

失眠的漫漫長夜，我大多都在看克氏的書。坦白說，一開始我執太重，沒有真正領悟克氏教誨的精髓。但既然都失眠了，閒著也是閒著。看不懂，領悟不了，我就讀兩遍，讀三遍，直到讀懂為止。你看我有多執著。

說來有些神奇，當我開始慢慢對克氏教誨有些體悟時，我的失眠問題居然自然而然地好了起來。我不再恐懼睡不著覺，也不去強迫自己要快點睡著。我只是靜靜地觀照自己的心，不做任何抵抗與控制。而那象徵軟弱的安眠藥也從此漸漸與我絕緣。

克氏教誨就像是一帖清涼的心藥，可以幫助大家沉靜下來，看清楚自己的深層問題。當你愈是了解自己，你就愈有能力從已知中解脫出來。當你的心靈獲得解脫，那種自由的感覺，也許就是佛家所說的「法喜」狀態吧！

現在的我，偶爾還是會失眠，但是我一點恐懼也沒有，睡不著就別睡！如果連睡覺這種人類本能都成為一種煩惱，人生也太苦了吧！別為難自己了，人生只有挑戰，不該有煩惱。

請原諒我的能力不足，無法在短短篇幅詳細介紹克氏的教誨。幸好克氏常說：「真理是一處無路可達之境，你只能透過自己創造性的自覺獲得。」因此，你不能依賴別人告訴你答案，你必須為自己負責，捲起袖子自己追尋真理，自己的心病自己醫！

無論如何，自覺是智慧的開端，恐懼的結尾。人唯有了解自己，才有可能創造根本性的轉化。誠摯地邀請你閱讀本書，一起走在自力覺醒的道路上。最後，我以金剛般若波羅蜜經的一句經文做為結尾與共勉，祝福大家都能獲得真正的自由與解脫：「過去心不可得，現在心不可得，未來心不可得。」

前言——永恆的答問

真相不是什麼神祕的東西，真相就是你所在之處，而此處，就是你可以開始的地方。真相就是我很生氣、我在嫉妒、我表現出侵略性，我會吵架。那是一個事實。因此，一個人的開始之處，容我以最恭敬的心指出，就是他所在之處。那就是何以認識自己是如此重要了，一個人必須對自己有完整的認識，這份認識不是來自他人、心理學家、大腦專家等等，而是去認識真正的你是什麼。因為，你就是人類的故事。如果你知道如何閱讀你自己這一本書，你就會知道人類所有的活動、所有的蠻橫殘暴和所有的愚蠢行徑。

克里希那穆提，一九八三年於「布洛克伍德公園」（Brockwood Park）的集會，針對第一個問題的回答閱讀克里希那穆提的教導時，立刻會被震懾住，因為這些話語是如此私密地反映出一個人的思想，並成為人類心理活動的一面清澈明鏡。他的語言不受時間、地點或環境的限制，因此無論讀者身處任何時代或任何一塊大陸，都會發現他們獲得了清楚而慈悲的揭示。

克氏的啟發式教誨不僅在他的對話或訪談裡很常見，在他公開演說時也很常見，即使身為數千名觀眾的其中一位，也能感受到與講者的直接接觸。他的語言很簡單，沒有任何術語，也不存在任何講者對聽眾的預設立場。克氏在非刻意的情況下幫助了來訪者，讓他們自己去看見一己思維與問題的錯綜複雜。

第二次世界大戰期間（一九三九～一九四五年），克氏並未在美國公開演說，而是在加州的歐亥（Ojai）過著幽靜的生活。人們尋訪他，與他對談，討論了許多當代的問題與他們一己的兩難困境。他們的問題是普世性的人類問題，而且每每證明了他所謂的「你就是世界」這個論點。當克氏鬆開了他們思想感受裡緊緊糾纏的千絲萬縷，問題的核心或根源也獲得了揭露，而這過程不帶任何的譴責或罪惡感。

第二次世界大戰的那幾年之後，世界各地出現了一套三冊的克氏訪談集，名為

《關於活著這件事》（*Commentaries on Living*），而這本名為《你就是世界》（*The World Within*）的新書，是出自克氏檔案庫的一部匯編集，書中納入了許多歷久不衰、反覆出現的其他問題，以及它們的永恆答案。經過了七十年之久，這些探詢依然鮮活如昔，無論是問或答，讀者都能夠從中找到自己。

馬克・李（Mark Lee）

1 如何停止易被同事激怒？

E前來問我如何克服憤怒，因為他特別容易受到同事的激怒，對同事的行為舉止感到惱火。

經過進一步的交談之後，我點出了一件事：憤怒情緒之所以生起，是因為E想要讓他的同事遵守一種E所擁有的行為模式，這滋長了他的不寬容態度，而不寬容就是欠缺思考（thoughtlessness）的表現。如果他離開目前的崗位，另覓新工作，也會出現同樣的問題，因為他才是問題的根源，而非他的同事。E必須了解整個情況，而非只想改變它們。**如果他想依賴環境讓自己擺脫憤怒，他就成為環境的奴隸**。如果他依賴環境，那麼他會變成欠缺思考。這種情況就像是那些不斷在自己的關係當中尋求改變的人——因為對一個人或一個團體幻滅或感到厭倦，轉而從另一個人或團體尋求友誼或愛。由於他們並未充分理解關係是什麼，單單是改變環境只會再度製造出同樣的衝突與幻滅，以及不同形式卻同樣的厭倦感。

因此，E必須覺察到自己的欠缺思考及其根源。

2 真實的聲音？

S大老遠跑來，只想知道她所聽見的聲音是來自自己直覺的聲音，還是來自傳統的聲音與思想。

詢問她之後，我發現這個聲音一直是善的，引導著她遠離感官世界，走向一個思想更高貴、更能夠為他人服務的世界。然而，她現在卻心生懷疑，質疑這個聲音，因而變得很焦慮。這個聲音要求她要服從、不要質疑，而現在，經過幾年之後，它已經變得無關緊要了。她該怎麼做呢？這個聲音是否是真實的聲音？

針對這個問題進行了一番探討之後，我們進入了欲求與想望的問題——感知、覺受、欲望、認同、我想要的與不想要的等等，是如何生起，如何呈現，又是如何透過感官刺激，透過對個人不朽與世俗事物的渴求來獲得滿足。

S說她現在會規律靜心（meditate）[1]，在地板上打坐。**若不了解欲望的軌跡，靜心冥想是無法引導你開悟的。**她在冥想神的一體性等等，因為她在學習吠檀多（Vedanta）[2]。靜心必須奠基於正確的思維，而非只是依公式而行，無論它有多麼崇高都不能如此。**要進行正確的思維，必須從理解「我」和「我的」欲望開始。**這種自我中心的心態是人人都有的心態，無論那人生活在印度、中國、歐洲或此地都沒有差別。**這個世界就是自己的投射，若想了解世界的問題，首先必須了解自己**，這不是一種自我封閉式的理解，而是必須透過中立、溫和的自我覺察來達成。自我認識是正確思維的開端，也是靜心的真正入手處。

她說她的問題是自己賦予它意義：她藉著自己的渴求，給予這個聲音一份重要性，而那可能只是她的直覺性認知。

1 譯註：或譯為冥想。
2 譯註：古印度吠陀哲學的終極結論之意，提倡「不二一元論」。

3

生死問題的苦與樂

R對戰爭亡故的兒子感到悲痛萬分。他會繼續存在嗎？輪迴轉世是真的嗎？

當一個人因悲傷而身心幾近停擺，確實很難明智地思考死亡問題。**你最關心的問題是什麼？是你的兒子還是你自己的喪親之痛？**世上的每一個人都會面臨這個問題：生與死、苦與樂這一普世性問題。沒有人能躲過它，一個人可能可以藉由幻想、某些理論或信仰或某種忘我狀態來逃避它，但生與死依然存在，它不是一個能透過合理化去解決的奧祕，而是必須透過一種永恆的、無始無終的體驗來解決。

對那些直接或間接導致你兒子死亡的人心懷仇恨，無法幫助你創造出體驗實相的必要心境，相反地，仇恨、悲傷與占有慾反而會妨礙你對永恆的理解與體驗。超越仇恨、憎惡與憤怒的過程，就是慈悲心的開端，它將淨化你那顆飽受折磨的心。**如果你擔心死者，你會創造更多死亡，而如果你關心的是生者，你將明瞭生命的永恆。**

她說她不明白我所說的話。難道她不可以愛她的兒子嗎？她不可以去恨那些殺死他的人，卻必須寬恕，擁抱邪惡？要淨化這個世界，戰爭難道不是必要的嗎？

邪惡意謂著不製造好結果，暴力意謂著不創造和平。每一個人都在透過自己每天所謂平靜的日子，亦即由嫉妒、貪婪、惡念、敵意與猜忌所構成的日子，製造出這驚人的混亂狀態。有另一個母親也在為她的兒子哭泣，那個你所憎恨的母親，她也飽受悲傷的折磨。對她而言，她亦面臨著生死問題的苦與樂。仇恨無法解決這個問題，仇恨只會讓人與人之間的殘酷對待永遠存在。

我循序漸進地引導她回到她最初那個關於繼續存在的問題。她當時情緒太激動，無法深入探討這件事，但是某一天，她又回來了。

4 如何擺脫「我」和「我的」的衝突？

我們必須了解時間的創造者，也就是過去、現在與未來，因為時間就是生與死。時間意識創造出連續性、永續性，但是它卻非永恆的，亦非無時間性的。

時間的創造者就是自己，「我」與「我的」之意識：我的財產、我的兒子、我的權力、我的成功、我的經驗、我的不朽。自我對一己狀態的關切創造出時間。自我是無知與憂傷的肇因，而它的因果效應就是欲望、對權力與財富名利的渴求。這個自我由欲望的意志所統一，它結合了自我對過去的記憶、對現在的決定，以及對未來的決心。於是，未來成了一種貪慾形式，現在成了通往未來的通道，過去變成了一股驅策的動力。**自我是輪中之輪，存在於一個輪轉著苦與樂、悲與喜、愛與恨、冷酷與溫情的輪子裡。**這些對立面之所以產生，是為了它自己的好處、利益，也是源自於它自己的不確定性。它就是我的生、我的死的根源。思想是由欲望的意志、自我的意志所支撐，然而憂傷與痛苦卻能開始對覺醒的思想發揮作用，如果這場覺醒無法持續下去，思想就會溜進具安慰作用的信念裡，溜進個人的幻想與希望之中。

然而，如果那緩緩覺醒的思想能開始溫和地、耐心地探究憂傷的根源，進而開始理解它，就會發現另一種意志的存在——了解的意志。這種了解的意志不屬於個人，也不屬於任何國家、民族或宗教，它是一種能夠開啟通往永恆與無限之大門的意志。

對自我，對那被欲望的意志所支撐的自我進行探究，就是正確思維的開端。這個自我透過渴求長生不朽製造出連續性，但是這也帶來了持續不斷的憂傷、痛苦，以及「我」與「我的」之衝突。這些不會有結束的一天，除非有了解的意志，單單是這種意志本身就能夠消融憂傷根源。

要覺察欲望的軌跡，在這樣的覺察當中，正確的思維將會誕生。美德就是對自我欲望所創造的不確定性心生慈悲，而讓思想從「我」和「我的」之中解脫。

5 從依賴中解脫

C問，為何她感到如此疲倦，雖然她在從事一般工作時精力充沛，內心深處卻覺得疲累不堪。

我們交談了一陣子之後，發現她強烈依賴她的丈夫和環境。這種依賴雖不是財務上的，卻讓她緊張，感到筋疲力竭、焦慮、不耐煩、脾氣暴躁。

有些心理上的需求難免會讓人產生依賴，這會阻礙雙方的和諧與整合。

她說她已經覺察到自己的這種需求，但不知怎麼地，就是無法克服它。她已下定決心不再依賴，卻無法從中解脫。我們都同意，依賴不是缺乏愛，但它卻混淆了愛。依賴引進了其他不屬於愛的元素，製造出不確定與交惡。

依賴觸發了冷淡與執著的輪流發生，這是一種持續的衝突，其中沒有理解，也沒有出口。她一定覺察到這個執著與疏離的過程了，若她能覺察而不指責、不評斷，她將能理解這種對立兩極衝突的完整意義。

如果她能深入覺察，從而有意識地引導自己的思想，讓它充分了解依賴與需求的意義，那麼當她的表面意識對它敞開並清楚了解之後，那些無意識部分及其隱藏的動機、追求目標與意圖，將會投射至表面意識。當它發生時，她必須探究並了解潛意識的每一個暗示。如果她能一再重複這麼做，在表面意識盡可能清楚地釐清問題之後，覺察到潛意識的投射，那麼儘管她可能會將注意力放在其他地方，她的表面意識與無意識部分，也能合力解決依賴問題，或任何其他的問題。如此，持續的覺察會建立起來，這能以有耐心的、溫和的方式帶來整合，而如果她的健康與飲食習慣良好，這會讓她的生命變得豐富而完滿。

6 人與機器的關係

B遠道而來，他的問題是如何將愛的精神融入飛機裡，因為他在一間飛機工廠工作。他說他對世界局勢極為關切，既然飛機一直都會有，為何不能將愛的精神融入其中？難道他不能藉由做自己，亦即不心存仇恨、沒有殺戮的欲望、心存善念，在打造飛機時將這樣的品質融入那個製造恐怖與毀滅的機器裡嗎？

他是個擁有明確意圖並嚴肅對待它的人，因此，我們探討了無知與正確的謀生之道。一架機器，一個由人組裝而成的無生命物體，本身既不好也不壞，完全取決於人將它作何用途，因此，要顧慮的是人而不是機器。**無知，正是存在於賦予事物錯誤的價值，對毫不重要之事過度強調，以及將不重要之事誤認為重要的**，不是嗎？除非一個人改變自己的價值觀，否則機器仍會被做為有害與破壞性的用途。

人的思想與感受必須從當前受限的價值觀轉變至超越性的價值觀。如果人追求的是感官刺激、權力與財富，那麼他所創造的世界必將充斥著衝突、敵意與殘酷，以及各種將它們表現於外的手段，例如機器與金錢等。他必須深入檢視自己的心靈，才能發現自己在追尋的是什麼。如果他追尋的是自己的良善與他人的良善，那麼仁慈與睿智將會主導他所從事的職業與謀生方式。

首先，他必須清理自己的頭腦與心靈，然後，他才有能力讓自己在擁有很少的時候仍能感到滿足。

7
性慾存在頭腦裡

B說他是一己性慾的奴隸，他已經嘗試過許多方法來壓抑，參加不同的祭典儀式以求轉化，也曾尋求一位分析師的協助，卻發現自己愈來愈依賴那分析師，這又造成了另一種形式的痛苦。他該怎麼辦呢？

我們首先談到了愛，說那不是一種感官的引誘，或是近似於情感的感覺，也不是一種智性上的刺激。愛自有其獨特品質，會在不自覺的時刻被感覺到，在忘我的罕見時刻被體會到。它不是一種犧牲後的報償，而是目的本身。愛是關於慈愛與寬容、寬恕與服務、創造力與安詳，沒有了這些，愛便不存在。它是一股強大的創造力量。

若缺乏理解，無法釋放創造力，性的釋放就無可避免會成為一個沉重的負擔與問題。此處的創造力不單是意謂著發明能力或技術能力的改變，也並非僅是物質與感官上的擴張，或智性上的追求，因為這些都無法終結一個人的性慾。它們可能可以暫時緩解它，卻會讓它以更兇猛的飢渴形式回過頭來找你，而且經常不是以性來表現，而是透過不同形式的暴力、殘酷與各種膚淺的社交活動來表現。

創造力的釋放，確實會在欲望與渴求獲得了解與轉化之後出現。**欲望會創造深刻的記憶，而其動力會變為貪慾，每一個欲望都有它自己的意志，這許多意志進而組成了自我的意志。**

如果想持久地讓自己免於色慾，他必須覺察到這個軌跡——欲望的軌跡。每當他出現一個充滿色慾的念頭（色慾存在頭腦裡），他就必須覺察到它，不單是分析式的，而是在同一時間覺察到欲望的更深層意義。每當他有所覺察，他就會對自己的問題產生更多的了解，進而讓自我認識的光明，驅散自己對欲望那種自我封閉式的追逐。這份覺察必須成為一個持續的過程，不能只針對某一個特定念頭，而是針對所有的念頭與感覺。這份覺察將會帶來自我認識，繼而生起正確的思維，此思維能夠讓念頭不知不覺地從「我」與「我的」之感受當中解脫，並讓人領悟到最高境界的愛。

8 無算計的慈善

V來找我，對慈善這件事感到困惑：到底要不要給，要不要殺死破壞灌木叢與樹木的小動物等等。

要對擁有某種類型頭腦的人傳達以下這件事十分困難：讓自己掛慮大事，小事自然會落入正途，但是讓自己掛慮小事，這個永無結束之日的行為，你就會忽略大事，而人生問題的解決之道就是在這些大事裡找到的。要想理解生命，你需要自由的才智，而非算計過的思想或邏輯化的思想，你需要慷慨大度的心胸，而非精心計畫的禮物。

H問，不知道自己是否該開展慈善事業，因為他繼承了一大筆遺產。

慈善應該是直接的。施者與受者必不能有一種義務感，不能有較優越者施予較低下者的感覺，也不能帶有羞恥感。它必須是出自豐滿心靈的給予。施與受兩者，都有責任避免豎起分裂的牆垣。若沒有愛，慈善便結束了，沒有愛就沒有慈善。

9 如何讓虔誠免於怨恨？

S在談話中說，她會前往教堂表達虔誠心，但接著又說她無法忍受有色人種，喔，當然，她指的不是印度人——像我這樣的人！

她來見我，想知道如何克服恐懼，那純粹出於想像、自己製造出來的恐懼。她並未覺察到這些恐懼完全是自己創造的。若想從中解脫，每一次恐懼出現時，她就該有意識地檢視它，仔細思考、感受，徹底理解恐懼，並讓她的表面意識（conscious mind）[3]保持敞開。如此，那些祕密的恐懼，亦即無意識的、隱藏的恐懼便能自行發揮力量，由於她的表面意識是清楚、敞開、不困惑的，所以她能接受這些隱藏的恐懼，且完全理解它們。因此，無意識的恐懼會進入表面意識而獲得清除。如此，她便

[3] 譯註：或稱顯意識，相對於潛意識與無意識。

能透過持續的覺察和警覺而解除恐懼，其實，那些恐懼多半是她自己創造出來的。

接著我溫和地提點她，說她的虔誠已經被她的種族敵意抹煞殆盡了，因為她是什麼樣的人比她的虔誠更重要。如果她心懷仇恨，她的愛也只是一個對立面、一種反應，但是如果她能了解自己的仇恨並且超越它，她的愛就會變得完整。若無法讓自己的思想免於敵意、怨恨與惡念，她的虔誠將流於表面，而教堂更提供了一個逃避真相的管道。

對於那些沉迷於個人懇求式祈禱的人，要想將愛的崇高意義傳達給他們，是件多麼困難的事啊！對於那些尋求實相的人，想要領悟自己就是整體又是多麼困難啊！他們如此迫切地想要緊緊抓住些什麼，以致錯過了實相。

10 需要放棄原有的生活水準？

A醫師說他自己開業，賺了很多錢，但卻相信自己不是真的在為人們治療。那些小藥丸和有色液體雖然能發揮暫時的舒緩效果，卻不是真正的解藥。他想要進入真正的療癒領域，而那意謂著他要以一種不同的生活水準來過日子，他不在乎，但是他的妻子和家人會反對。而且，如果他繼續去做他認為對的事，可能會導致家庭破裂。如果他對家庭的需求做出讓步，是不是一種自私呢？他的責任到底是什麼？

在建構並屈從於感官價值（sensate values）的過程中，我們難道不是在製造社會災難、戰爭、無情與不幸？藉著擁有高度的生活水準並不斷強調它，難道不是在製造一個充斥著殘酷、競爭與驕傲，機械式的、野蠻的世界嗎？

這位醫師清楚看到了這一點，至少此刻是如此。

若向環境屈服，無論這指的是家庭或文明，他便要對普世性的痛苦與他自己的特定痛苦負責。明白這一點之後，他是否該對家人的感官需求讓步，不斷追求更舒適的生活、更大更好的車子與其他一切？他要對什麼負責呢？使他人獲得真正的療癒，而讓自己賺的錢少了許多，這是自私嗎？這可能會導致家人之間的意見不合，但是他到底該對什麼負責？

對他自己而言，他是否能過一個簡單的生活，沒有外在的種種配備與讓他炫耀之物，對少量的擁有感到知足，因為內在他是平靜的、充分理解的、充滿愛的呢？

他問我，要怎麼做才能達成這些事？

透過自我覺察而來的正確思維來達成。缺乏自我認識，就沒有正確的思維，而若沒有正確的思維，就不可能有平靜與愛。

我向他解釋了這個艱難的課題牽涉到些什麼事。

11

你是什麼，世界就是什麼

有兩個人來找我，立刻解釋說他們是基督徒，想要為這個世界帶來和平。**難道不是基督徒、佛教徒、印度教徒等種種的標籤，讓人們處於分裂狀態嗎？**如同國族與經濟的藩籬區隔了人們，宗教及其象徵，以及它漸趨晦暗的祭壇與唱頌的教士們，也隔離了人們。種種的信念與教條、教義與儀式，建立起一道無法跨越的牆垣。這些現象從過去以來一直導致許多徒勞無益的爭論，現在依然如此，是這些因素製造了不包容與敵意，是這些因素腐化了人們的頭腦與心靈。**摧毀人類的團結、善意與愛的，正是教派主義、排外與特權的心態。**

宗教應是生命中的愛之道，而非信念，它是一種無我的、無私人動機的行動，而非儀式。它是在沒有腐敗教條的情況下追求最高境界。

當一個人聲稱自己是個基督徒或印度教徒、一個美國人或英國人的時候，通常伴隨著某種程度的驕傲與權力感，而這難免在人與人之間製造隔閡。當他們說自己是基督徒的時候，難道沒有覺察到這句話背後隱含的一切意義嗎？他們沒有覺察到標籤的無意義與實相的恢弘嗎？他們愈是關心這些瑣碎的小事，實相就呈現得愈少，不是嗎？

愛、慈悲、善意等，這些都不需要標籤，但就是這些品質在為世界帶來和平，不是單純的調整經濟結構，不是一、兩個民族的主導，也不是技術上的進步，在為我們帶來和平。相反地，若沒有心靈上的改變，這些現象只會帶來更大、更多破壞性的災難。

要想為世界帶來和平，必須從自己開始做起，因為你就是這個世界。你是什麼，這個世界就是什麼。如果你是貪婪的、充滿競爭心態、追求特權與獲利、執著於這個或那個標籤、滿懷嫉妒與激情，那麼你也將擁有一個存在著仇恨與戰爭的世界，一個充斥著愈來愈多混亂、集權、殘酷與恐懼的世界。

你創造出這個世界的問題，而你就成為一個能解決這些問題的人。不要將這些問題丟給專家、丟給政客、丟給領袖，因為你是什麼，世界就是什麼。

12 療癒自己

D醫師說，他治療別人，卻治不好自己，那些困擾病人的問題，也同樣困擾著他。他能處理別人的問題、幫助他們等等，但是自己卻……他的內心無法獲得平靜。

藉著言語而幫助他人痊癒、讓他們獲得療癒，是件多麼容易的事啊，但是要治療自己卻困難許多！要療癒自己、讓自己獲得內在平靜，一個人必須拉下自己不斷在周圍築起的藩籬，例如聲望、財富及其帶來的所有外在標誌，包括朋友、同伴、聲譽、出色的學習成績等等。我指出的這些都是這位醫師擁有的，也是他自己承認的。這些表面特徵，亦即精煉之自我主義的層層包裝，阻止了他去領悟自己一直渴望的平靜。

他看見了我所說的是真的，卻發現很難拋開這些東西，因為它們已經成為他天性的一部分了。

我指出，他要不就是繼續走下去、強化這個天性、讓自己愈來愈痛苦，要不就是著手開始弱化它、消融它。他所製造的是憂傷中的一個喘息機會，兩個衝突之間的過渡期，一個與其說是平靜不如說是消沉掙扎的時刻。身為一個精神病學家，他深深了解內在的安詳必須來自對自我認識的覺察，它不是來自壓抑，而是來自整合。這份覺察將創造出靜心的時刻。

當然，他從未靜心過，他只知道何謂集中注意力，但不知道何謂靜心冥想。

靜心（meditation）與集中注意力（concentration）是兩件不同的事。集中注意力是針對某件事物，而**靜心是對自己的覺察、對「我」與「我的」及其所有意涵和內容的覺察**，它能帶來源自正確思維的理解。這份覺察具有集中注意力的特質，但依然不同於集中注意力在某件事物上，無論那件事物有多麼崇高皆然。它們一個帶來深刻的內在整合與超越的機會，另一個卻製造出二元對立，強力捍衛著衝突的根源。

讓他對自己的思想和感覺變得有所覺察，不是去精心揀選，而是無論事情有多麼微不足道、多麼卑賤，或是多麼高尚、祥和，都能覺知到它們。在每一個念頭或感受生起時，讓他深入思考、細細體會那個念頭或感受，並且徹底體驗。在體驗的過程中，他會持續受到其他念頭與感受的干擾，因而開始發現他其實未曾真正集中注意力。在徹底體驗的過程中，他會覺察到自己在評斷、譴責，從而發現自己的偏頗、成見、自己內心所保留的隱祕念頭與動機。在徹底經歷的過程中，他會發現他自己，而這樣的發現是帶來自由的、具有創造力的。因此，他便能夠有意識地讓自己的心念自由，進入自由開放的心念狀態之中——無論一開始它顯得多麼局限，那些無意識的、隱藏的內容都將會被投射出來。每一個投射都必須經過徹底的思考、體會與理解，然後消融並且超越。這一深刻的自我認識過程，會催生出寧靜的智慧，一種無法估量的愛，以及對至高境界的領悟。

這一切都是充滿耐心而溫和的過程，它需要的是強烈的警覺、深刻而且可觀的覺察能力。

13 社會的野蠻遊戲

M太太是一位學校老師，她說孩子們在下課時間會扮演軍人，玩著木製的機關槍、劍、坦克等等，該怎麼阻止他們？

當整個社會都投入這種野蠻遊戲，除非老師持續陪在孩子身邊，幫助他們從事其他明智而無害的娛樂，否則阻止一些孩童並沒有太大的意義，因為他們的長輩會再度鼓勵他們這麼做。她或許可以持續監督一、兩個孩童，但是除非她能提供有智慧的指示與引導，幫助孩子看見隨著一己野蠻行徑而來的殘暴，否則社會很快就會吸收這些孩子。

畢竟，社會就是個人，或說是所有個人的集合，除非個人能消除滋長戰爭的根源，否則單單是進行表面修補，以不同次序重新建構同樣的根源是沒有意義的。

因此，她必須從自己做起，她必須了解自己，因為從自我認識之中會生起正確的思維。

14 一段平靜的空檔還是真正的平靜？

C太太是位非常富有的女士，她很不開心，對她目前的關係感到十分苦惱。她渴望平靜與快樂。

這個世界沒有平靜與快樂，有的是持續的衝突與苦難，以及一小段間隔的空檔，而這段空檔又會再度帶來痛苦與不幸。她想要的是什麼？是這一段所謂的空檔，還是真正的平靜？

真正的平靜，會在你充分了解何謂貪慾、世俗心與個人的不朽並超越它們之後發生。要了解這些並超越它們，她就必須覺察到她的念頭與感受，這需要的是有意識的努力與反思的時間。

她說自己是個很忙碌的女人，必須籌劃慈善活動，而且是許多俱樂部的會員云云。

我指出，這些已經變成令人心煩意亂的事情了，沒有什麼意義，她勉強同意了這一點。她可能會被迫放棄這些事，才能撥出一些反思的時間，從這種反思的覺察裡，會生起一道了解的曙光，其中將包括正確的思維與靜心。

我所說的這些話，她深表同意，因為她說她有時也會思考這些事，但是她補充道，這些概念意謂著她必須拋開目前的生活、她的活動、娛樂與做善事等行為。她的善事、社交活動、那些膚淺的活動，都是一些沒有意義的活動，她就像那些關在籠子裡的可憐動物。這些活動最終帶來的是更多的傷害，而非更多裨益，這是以盲引盲。

對於這一點，她再次不情願地同意了，我為她指出了這世界的災難與混亂：戰亂不斷、愚蠢的國族主義、階級與對有色人種的偏見、經濟鴻溝，以及善意與愛的嚴重匱乏。只要她從自己開始做起，這一切都可以獲得效果持久的轉化，因為她就是這個世界。

她認可所有這些概念，但是說她害怕改變自己的生活，儘管如此，她可能還是會從小地方做起，讓它逐漸引發重大改變，她雖然不太願意這麼做，但她說會看著辦。

15 關於性的恐懼

R說他對性感到恐懼，從孩提時代開始，他就對它感到惱怒，卻又深受吸引。在團體裡，他抗拒它，因而在朋友之間製造出對立。他曾祈禱、反覆誦咒，也嘗試過心理分析，然而情況依然是它追著他跑，他也追著它跑。

經過進一步的談話之後，我指出，我們的習慣必須先經過了解，才有希望解決感官與情緒上的問題。這些問題不能只透過決心或單純的意志來克服，而是必須深入思考（thoughtful）。習慣、習俗等，在本質上就是欠缺思考的（thoughtless），而欠缺思考的態度無法創造出自由。我們會在年少時不假思索地去做一些事，例如抽菸，而這逐漸變成一種習慣。如果我們對自己說絕對不能這麼做，這種持續下決心不抽菸的行為，只會創造出另一個習慣。唯有在了解習慣的過程中，也就是藉著覺察它，深入思考，習慣才能打破。

我們的生活是由一連串欠缺思考的行動所構成，這些行動變成習慣，存在於我們的關係、宗教、政治與社會生活裡。我們依賴著公式與口號來思考，既沉悶又令人感到厭倦。自我主義就是欠缺思考的根本要素，它充斥著瑣碎、受限、令人疲乏的行動與問題。性之所以會演變成一個大問題，是因為它可以讓人暫時逃離那個充滿束縛的狹隘自我，且是一種釋放，因而變成一種習慣。習慣就是欠缺思考的。

一個人必須透過覺察才能深入思考。透過覺察，一個人會開始意識到自己許多思想與感受上的習慣。這些習慣應該經過徹底的思考與體會，其中的含義也應該獲得理解。因此，當你的表面意識完全理解了，並且是開放的、自由的，那麼無意識的內容，也就是隱藏的心念，便能投射至表面意識，而表面意識已經準備好要接受它們了，因為它是開放的、警覺的。當這些內容出現，每一個投射都必須得到接受與了解。因此，透過強烈的覺察，自我那些總是狹隘且不重要的活動就會瓦解，從而生起正確的思維。

你愈是和一個習慣戰鬥，就會對它製造出愈多的抗拒，你也會變得愈來愈欠缺思考。透過正確的覺察，與一切活動和習慣有關的念頭及感受都會被揭露，並且超越。

培養恐懼的對立面，就是製造出另一個習慣，但是在覺察恐懼且深入思考、徹底體會它的過程中，並不會養成反面的欠缺思考，因為反面之中沒有自由。你應該對自己在人我關係、政治與社會活動，以及宗教方面的習慣性想法與感受中，保持覺察。

要保持覺察，你必須花一些時間，必須有耐心、保持警醒。**靜心就是清理充斥著自我主義的頭腦與心靈**。透過這樣的淨化過程，正確的思維將會誕生，而它能使人從憂傷之中解脫。

16 寫下當下的念頭

O說，他無法靜心，他的念頭非常凌亂、散漫，根本無法讓心定下來。他覺得是該好好思考這件事的時候了，他是個十分活躍的人，總是在從事各式各樣的活動。

缺乏深刻理解的活動，會使人對世界的當前狀態產生困惑。缺乏自我認識，活動必然不可免地導致衝突。靜心是在自我認識上有所發現的開端，這樣的發現是帶來自由的、有創造力的，但是無論是現在或未來，若只是專注於一種美德、致力於成為什麼，那就不算是自我認識上的發現。如此培養出來的美德從不是帶來自由的、有創造力的，它依然停留在欠缺思考的範圍內。因此，全神貫注於某一件事，例如某個圖案、形象、象徵、概念等，並不算是靜心。強迫自己的心停留在某件阻礙發現的事物上，徒然是將心塑造成某一種模式，無論它有多麼高貴都一樣，它無法釋放你的心，無法讓心自由。讓心自由才是靜心。

讓他對自己的念頭與感受保持覺察，緊緊跟隨著每一個念頭與感受，無論它們有多麼微不足道、多麼愚蠢。這些念頭與感受之所以生起，是因為興趣，或是怠惰，或是習慣。讓他自己去發現它是什麼。在深入思考、細細體會某一個念頭或感受的時候，其他念頭與感受將會投射出來，他也會因此而分心。當他發現自己分心了，他開始喚起興趣與熱情，而這自然會帶來專注。當一個孩子對一件事感興趣，他會全神貫注，但是若強迫他全神貫注，他反而會失去興趣，開始心思渙散。要想如此覺察，需要的是持續運用它。

他說，要讓自己如此覺察，對每一個念頭、每一個感受盡其所能地深入思考、摸索與體會是一件十分困難的事，他不習慣。這可以透過練習達成。

他必須對「練習」這一個大問題保持警醒，以免讓它成為一種習慣。單是習慣本身就足以摧毀或阻礙接受、發現有關了解的發生。**心的警覺來自持續的深入思考，而深入思考不是一種習慣。**如果他發現自己難以保持覺察，那就讓他將一整天裡的每一個念頭與感受寫下來，讓他將自己的話語、嫉妒、羨慕、虛榮、色慾等反應背後的意圖寫下來。

他回答，他無法將每一個念頭與感受寫下來，因為他還得謀生，他有很多人要見，他沒時間。

那麼，讓他在早餐前花一些時間寫，這表示他必須早一點就寢，放棄一些社交活動。如果他能在一有空的時候就寫一些，那麼晚上就寢前，他就能瀏覽自己在白天寫下的內容。讓他研究並檢視這些內容，不帶評斷，在探究過程中，他會發現那些念頭與感受、欲望與話語的根源。如果他能規律地這麼做，他會注意到，每當他在白天因為忙於其他事情而無法書寫時，他依然能在無意識之間將他的念頭、感受與反應等默記下來，供他在稍晚方便時寫下。

現在，這件事最重要的是，他應該要發揮自由的才智來檢視、探究他寫下的內容，在探究過程中，他會覺察到自己的狀態。在自我覺察、自我認識的火光照耀下，問題的根源會被發現，進而消滅。他不是只要寫個一、兩次就好，而是要持續一段不短的期間，直到他能立即覺察到自己的念頭、感受、反應與意圖為止。因此，透過自我認識，正確的思維會出現，接著其他的一切也會隨之出現。

靜心並非只是持續的自我覺察，而是持續的放棄自我。

在正確的思維當中，會生起靜心，智慧的安寧境界亦將隨之出現。在那樣的狀態下，一個人將會領悟到最高境界的寧靜。

寫下一個人的思想與感受、欲望與反應，能為自己帶來向內的覺察，以及無意識與表面意識的合作，繼而帶來整合與了解。這其中的努力方向在於深入思考，而非將思想專注於某件事物上，因為那只會阻礙一個人對整體的了解。

17 正確的思維，並非正確的念頭

J醫師服務於一間傷殘軍人醫院，他說，看見年輕同胞在心理與身體兩方面必須殘疾一輩子，讓他感到非常難受。如果其中一些人恢復了健康，他們會再度被派往前線，然後再度受傷、再度傷殘。他認為戰爭沒有任何益處，他是完全反戰的，認為它是以文明之名破壞了文明，但是……

他的感觸很深，也對消除肉體痛苦感到厭倦。這到底有什麼好處？你治癒了，只為了再度受傷、再度變傷殘或被殺死。究竟為了什麼？

一個人問的問題愈多，卻無法獲得明智且真實的答案，就會發現自己對情況愈來愈不抱希望、愈來愈絕望。明智的、真實的答案並非存在於東拼西湊理出一個全貌，以此得出一個令人滿意的妥善結論。眾多破碎的局部無法創造出一個整體，但是當整體獲得了解與感受，各個破碎的局部便會各就各位，產生意義。想要了解整體，必須停止對局部的崇拜，亦即國家、種族、階級、家庭、「我」等等。當你的心思被占據，成為局部的奴隸，那麼殘酷無情、競爭、對財富名利、感官價值的追逐，將會變得無比重要。那時候，和平只不過是戰爭的另一種手段罷了，而它帶來的後果卻是大災難、飢荒、身心的殘缺、迷惘與憂傷等等。

除非每個人都能明白這一點，都能領悟到各種形式的世俗事務、感官刺激與個人不朽，終將帶來什麼樣的後果，否則大災難、革命、戰爭與痛苦將會不斷發生。每個人都必須了解這一點並拋棄痛苦的根源。如此，一些明智且充滿「靈性」的團體，將會出現並帶來持久的和平。

但是，這位醫生說，這會耗費一段很長的時間，同時，受苦依舊會持續，而且伴隨著更大的困惑。

要創造出當前世界的愚蠢與殘暴，需要時間與詭詐的念頭，以及數世紀的無知與迷信，因此自然會需要耐心與一番探究，才能產生不一樣的理解。在這件事情上，必然不可考慮到時間問題，**重要的是，每個人都要朝著自我認識的方向去努力**，唯有如此才能完整，也才能帶來平靜與慈悲的心境。自我認識能帶來正確的思維，這樣的思維並不是以一種模式或一個標準為依據。正確的思維裡亦沒有所謂的好念頭或正確的念頭，因為那樣無非流於受限、不完整。然而，透過對一己思想感受的自我覺察，並盡其所能深入而徹底地思考、體會它們，一個人將能開始領會何謂正確的思維，但是一開始的時候，它或許是模模糊糊的。正確的思維能將念頭從渴求中解放，而那就是道德，就是美德，它能為一切行動、為一對一或一對多的人我關係奠定基礎。如此，無懼、愛與慈悲亦將從中生起。所有的靜心都必須奠基於這樣的基礎上，因為靜心也就是將念頭從渴求中解脫，這就是美德。**領悟那至高無上的，就是一切生命的目的。**

18 如何打破自我封閉的高牆？

M說，雖然她見過很多人，也認識很多人，卻依然缺乏人與人之間的接觸。她該如何開始增加這樣的接觸呢？

藉著不要求。**你愈是要求，得到的就愈少，而你要求得愈少，就會擁有愈多。**

阻礙人際接觸的原因，是每個人在自己周遭所築起的自我封閉高牆。一個人所擁有的表面接觸純屬社交性質，並無太大意義。一個人愈是能夠打破自我封閉的高牆，就會接觸到愈多的人。

對人際接觸的渴求是否源自於孤單、一種想要獲得滿足的內在空虛，或是想要逃避自己的痛苦呢？若是如此，那麼這些逃避行為只會讓自我封閉的牆垣更加堅固。假如不了解自我封閉的原因，那麼每一種逃避形式都會成為分散注意力的方法，無論那是看電影、喝酒、儀式或宗教、社會服務或戰爭都一樣。這些分散注意力的形式會創造出更多的衝突與迷惑。

要如何打破自我封閉的高牆呢？多數人並未覺察到它，即便我們覺察到它，也會捍衛它的正當性，或是怪罪別人、怪罪環境，因為藉由這麼做，我們便能為自我主義的窄化過程找到藉口。

這些合理化的理由阻礙我們去理解問題的根源，也阻礙我們從中獲得自由。要想打破這些自我封閉的高牆，首先必須對它們有所覺察。要想了解這個問題，必須探究它、檢視它，而非譴責、評斷或合理化。而覺察就是溫和地、耐心地探究與檢視這些受限思想的牆垣。這些牆可能是來自教育、潮流趨勢或環境的影響，或是來自渴求、來自本能，一般來說都是源自於這些因素。它的根本原因是自私，以及透過色慾、世俗心與個人對名利和不朽的渴望而呈現的種種渴求。這些她都必須詳加探究、檢視，並且理解，進而透過覺察與自我認識來超越它，如此便能產生正確的思維。透過正確的思維，她就能將念頭從渴求之中解脫，這是一項艱難的任務。若能覺察自己所追逐的渴求，一個人會培養出一種自我清理的因素或能力，也就是誠實。我們被欲望東拉西扯的時候，是很難保持誠實的。透過覺察，我們可以開始了解愛、仁慈、慷慨等品質的本質。

正確的行為能讓頭腦擺脫恐懼，為心靈帶來信心。美德即是讓思想從渴求、散亂、嫉妒、惡念、怠惰等狀態中解脫。

接著要覺察到對過去及其影響的記憶累積、「我」與「我的」之意識，因為一個人就是過去的結果。我們的思想發展自過去，若不了解它，心就無法自由。

要了解過去，現在就是入口處。

透過自我認識，就會有正確的思維與正確的努力。正確的思維是正確生活的基礎，而透過靜心，智慧的寧靜將能從中生起。智慧就是心靈的簡單。在這樣的簡單之中，一個人將領悟那至高無上之境。

19 是否要拋開信仰？

O問我是不是基督徒或印度教徒，或我的教誨是不是他所認為的、一種融合所有宗教而令人迷惑的大雜燴。我告訴他，我既不是基督徒也不是印度教徒，也不屬於任何特定宗教。

什麼是一個基督徒或印度教徒？他們難道不是代表著某些特定公式、特定迷信與信仰等等嗎？佛教、印度教或基督教的最根本教誨，難道不是相同的嗎？也就是莫沉迷於感官、莫成為世俗的、莫占有，要愛、要以一切形式擺脫自私自利的心態、要追求那至高無上的等等，不是嗎？若是如此，為何還要將自己稱為這個或那個，這麼做就像國族主義一樣，徒然分裂了人們，製造出對立與困惑。數世紀以來的擴張，那些儀式、信仰、漸趨黑暗的祭壇，以及唱頌的教士們，這些都變得比愛、仁慈和不殺害更重要了，因為在百家爭鳴的信仰與令人嘆為觀止的儀式中迷失，要比從自己內在找尋實相容易多了。

世界已經支離破碎了，因為國族主義、種族歧視而分裂，因為繁不勝數的黨派與宗教而分裂，它從來不是趨向聯合，而是不停地吸收與分裂、統治與剝削，這導致了永無休止的衝突與對立。這就是戰爭的根源之一。

存在的唯有實相，沒有第二個至高之境。只有一種人性與正當性，而領悟它的途徑除了透過你自己，別無任何其他途徑、其他人。尋找自己的解脫之道吧，那麼你就能讓世界從它的迷惑與衝突、悲傷與對立之中解脫。因為你就是世界，你的問題就是世界的問題。如果你執著於自己的信仰、狹隘的神祇、國家民族、財產、領袖，你就會創造出一個充滿迷惑與衝突的世界，一個充斥著宗派門戶、種族與宗教偏見、經濟與意識形態之阻礙的世界，這將永遠導致分裂，滋長惡念，醞釀出許多大災難。

一個人必須拋開這些膚淺的事、雜亂的事，這些自我耽溺的沉溺心態，致力於培養正確的思維。正確的思維來自於自我認識。自我認識並非奠基於任何公式之上，但是透過持續覺察一己的思想與感受、行動與反應，以及隱藏於我們內在的一切對立面，自我認識將會出現，而正確的思維、理解將從中生起。正確的思維需要正確的職業，以及不排外的行動，因為**自我認識不是智性上的知識，那是製造分裂的、受限的、狹隘的**。了解自己，就能了解整體。

要想了悟那至高的，請開始了解你自己。**這種了解不能透過他人、教會、任何組織機構而獲得，而是必須透過你對一己渴求的覺察**。對感官刺激、世俗事務、個人不朽、財富、權勢、名利、權威、奇蹟與奧祕的渴求造成了痛苦，這其中沒有一樣能讓你解脫，除了你自己。若能從這些束縛之中解脫而獲得自由，智慧將會浮現，而它能為你打開一扇通往至高之境的大門。

20

自我覺察就能學習分辨標籤？

B從大老遠的地方過來，他處於嚴重的幻想破滅狀態，覺得自己非常孤單，而且悲慘。他曾參與各式各樣的社會改革運動，隸屬於許多宗教團體，也曾玩弄政治手腕，試圖盡力賺很多錢。他感到迷惘，不知如何重新開始。他並未受徵召參戰，因此很高興能免於殺戮。他發現自己的工作很沉悶，人們野心勃勃、殘酷無情，個個都在為他們自己、他們的團體或他們的意識形態而奮鬥，這讓他們變得野蠻、毫無包容心。他想要做一些有創造力的事。他該從哪裡著手，該從什麼事開始呢？

他談到了社會改革，那些改革永遠需要更多的改革。**雖然改革是必要的，是件好事，卻無法觸及事物最底層的真相、最深層的根源。**暴力的起義與危機時刻，雖然許下了做出重大改變的承諾，卻經常以恐怖的殺戮和壓迫收場。在宗教團體和宗教思想方面，權威主義、盲從、浪漫主義、逐步趨向偏執的現象不勝枚舉。我們從各個不同的觀點探討了這些事。

要想真正而持久地保持創造力，一個人必須從自身做起，因為世界就是自己，若不了解自己而光是擁有創造力，只會引發爭鬥、競爭，以及文明特有的冷酷無情。透過自我認識，自我封閉的過程會被發現，而這樣的發現正是帶來自由解脫的、有創造力的，因為真相被發現了，而真相能讓一個人自由。認同的存在會阻礙這樣的發現。一個人必須透過自我覺察找出認同與限制的根源。**自我覺察是極為困難的，因為必須不帶評斷，不對任何信條、教義、種族等等產生認同**。由於多數人都會認同、評斷、選擇，因此我們必須覺察到這種為事物貼標籤的評斷與認同過程，亦即在了解事實或真相之前便妄下斷言。在覺察它們的過程中，我們開始了解它們的原因，透過持續的覺察，那些原因將會逐漸消融。藉由自我認識，我們會發現那些自我封閉的限制，而這樣的發現不僅能揭露真相，也是帶來自由解脫的、具有創造力的。

要變得如此覺察是一件困難的事，**但是如果你開始寫下自己的所有念頭與感覺、反應與行為，你會開始覺察到自己的存在狀態**。當然，你不會有時間寫下所有的念頭與感覺，但是若能在一天寫一些或重點式地寫下一些你感興趣的部分，你就會看見，當你將注意力放在其他事情的時候，你的無意識依然在為你做筆記，所以當你有空寫的時候，你可以記起自己當時的反應與行為。如此你便能夠分辨何謂標籤與斷言，何謂事實與真相，何謂對信條教義、信仰、評斷的認同，何謂那如是的。這能讓你對一己思想念頭保持高度的誠實，以及警醒的、迫切的專注力，這對發現真相是不可或缺的。這種專注力與受到壓迫的專注截然不同，因為後者會成為一種習慣，造成因自滿而怠惰。這種專注力有助於將無意識的內容、動機、虛幻成分、各種認同與隱藏的念頭，帶入表面意識，因而終止自我封閉的、異常的渴望。就是這樣的渴求及其伴隨的束縛與限制纏縛著你，讓你的思想與感受變得瑣碎而狹隘、產生依賴性與占有慾。這些障礙阻擋了真實的創造力。就是這些自我創造的束縛，阻礙了一個人去領悟那「非創造的」（the uncreated）能力。

將思想與感受從這些束縛之中釋放，就是靜心的開始。這不是時間的問題，而是能否以警醒、有耐心且友善的態度去了解洶湧來襲的渴求。若能如此，自我認識與最高智慧將由此生起。

21 不是光有麵包就夠了

H說，他的宗教是社會主義，因為若非先有麵包，就沒有神也沒有人。為了要讓每一個人都獲得麵包，就必須展開激烈的行動，也難免必須對一些擋在路中間的人執行某種程度的清算。在這個世界上，很遺憾地，若想為人類福祉、人類的統一帶來必要的改變，暴力是需要的。暴力的確能製造統一，要想創造和平，就有必要使用暴力。在過去，暴力確實製造出更多暴力、更多殺戮，但是現在情況不同了：我們的教育程度更高、控制力更強、在進化上更先進。如果我們能掃除不對的人、讓正確的人坐上高位，那麼我們就能擁有一群快樂的人民。正確的人能幫助人們教育自己、對抗剝削、彼此友愛，因為那時就沒有經濟的藩籬、沒有國籍、沒有種族差異。結果將決定手段是否正當。手段或許充滿血腥，但是結果會是好的。就拿這場戰爭來說吧，我們之後會有一個更好的世界，一個更繁榮昌盛、更快樂的世代。

我們聊了一會兒，不久之後我客氣地問他，他自己一開始是否先給出了麵包。他回答說沒有，而且表情很驚訝。

我們不是只靠麵包過活，而且如果我們將最重要的價值賦予了次要的事物，迷惑將隨之而生。沒有麵包，我們活不下去，但是由於每一個人都對感官刺激、世俗事務、個人不朽或是權力、金錢名利、權威、神祕事物、奇蹟等等擁有強烈的欲望，因而會有衝突、殘酷與殺戮。因為感官價值已經占據了首要地位，而就因為這個理由，他們反叛，進而導致全然的迷惑。因為感官價值的緣故，戰爭、殺戮、叛亂、剝奪、階級與國族仇恨等出現了。這些感官價值無法透過任何形式的暴力來推翻，因為感官價值的本質原本就是製造衝突，而以暴力對待它就是製造更多衝突、更多對立主義、更多迷惑。想要繁榮的欲望本身導致了憂鬱、飢餓與痛苦。對立面會製造出它們自己的對立面，**而在對立之中，解決之道是不存在的**。唯有超越對立，人民才會有快樂與希望。

和平不是暴力的對立面，它是了解暴力無用，了解它將帶來無可避免的危險與不良後果的結果。和平與愛是整體性的，沒有對立面，它本身就是完整的。感官價值與異常的渴求，將導致人們不斷擴大對滿足欲望的需求，以及對財富與權力的需要。這種對權力與名望（個人之不朽）的渴求，無法透過強迫、替代、暴力或清算而獲得轉化。錯誤的、邪惡的手段，無論其結果多麼高尚，都將製造出錯誤與邪惡的結果。開始就是結果。透過殺戮、戰爭、壓迫，你絕對無法創造出愛、善念、友愛與自由。仇恨招致仇恨，暴力也將招致暴力。唯有使用正確的手段，亦即愛與和平的手段，你才能擁有一個健全的、和平的、有創造力的世界。

22 死亡與業力有關？

M說他摯愛的兄弟——他愛他甚於自己孩子的兄弟——突然死了。他感到非常沮喪與迷惑，雖然他是個篤信宗教之人，卻依然無法從自己的宗教信仰中找到慰藉，因為兄弟的死完全打碎了他過去所建立的宗教架構。他讀過許多東方的聖典，他的兄弟就這麼死了——未竟全功，在戰場粉身碎骨，難道這是他的業嗎？他還會有另一次機會嗎？他是否就此錯過了生命的大好機會？為何他要被殺死，而M自己卻仍在實現抱負，在活著，存在著？他的兄弟是否活在「另一邊」，就像有些人說的那樣呢？

這是個極為複雜的問題，不是那麼容易了解。只有信仰、主張或假設並無助益。當一個人深深受苦，他必須拋開膚淺的補救措施與方法，不要受到引誘而想從它們尋求慰藉，因為它們會破壞你真正去了解的過程，而正是這種了解的培養過程，能為你帶來從憂傷之中解脫的自由。

我們是獨立個體嗎？或者，我們只是許多「因」的產物，而這些因的「果」就是個體？我們難道不是一種集體，偶爾擁有一些可謂不屬於多數、不屬於集體的思想感受？儘管人類的世界將自己分裂為不同國家、種族、階級、經濟與宗教團體，但是所有人類基本上都是相似的，不是嗎？都在愛著、恨著、貪婪著、羨慕著、害怕著、主張著什麼等等。只要一個人的思想情感與團體、國家、宗教等產生認同，那麼它當然與集體是不可分的，是屬於集體、屬於傳統、屬於未開悟之過去的，因此會受到團體、國家與種族裡的仇恨、貪婪、慣例與野蠻所吸引，而參與其中。雖然每個人的感情理智都是個別分開的，雖然你住在一個獨立分開的房子，有著比他人或多或少的財產，也有不同的姓名、標籤等，將你自己隔絕起來，但這樣就能創造個體性嗎？難道你不是依然屬於集體？因為你正是許多因素綜合的結果，是許多影響力共同創造的結果。只要你仍然是集體，你就無可避免地會創造出對立於它的相反反應，那就是個體性，包括它所有的分裂傾向、異常的期望、渴求、信念、行動與憂傷。

因此，你成了矛盾的中心，而這個中心就是你的自我，那個「我」和「我的」，亦即「我」的意識。這個中心是否具有任何真實而持久的存在呢？它難道不是每天、每一小時不斷在變化嗎？其中沒有什麼是穩定的、永久的。而我們依然執著於它，執著於這種自相矛盾的狀態，這種不存在的狀態。自我是一個透過渴求而存在的錯覺。渴求的折磨強化了這個幻覺，我們必須深入了解並且超越這一點，才能體驗到那永恆的、不死的。體驗它就是我們關心的所有焦點，因為在它之外只有衝突、迷惑與憂傷。

他的兄弟是在實現抱負、在活著嗎？這種充滿擔心、焦慮、貪心、衝突，充滿愛的苦樂與巨大不確定性的生活，是在實現抱負嗎？這就是存在嗎？他不會為他兄弟感到遺憾嗎？而在遺憾的同時，他自己難道不是處於同樣的困境？他認為他在實現抱負？他能將這種充滿衝突、迷惑與愁苦的生活稱為完整的生活？這樣的存在狀態，難道不是一種欠缺思考、難免帶來痛苦與憂傷的狀態？如果他能覺察到這種痛苦的諸多根源，深入思考它們，讓自己從中解脫，那麼他會發現一種不會隨著時間而腐蝕亦不會毀滅的寶藏。

過去加上現在創造出「我」的意識，一種個體性的感覺。這種個體性有自己的演變過程，以及與生俱來的衝突與憂傷，因為它的本質就是自我封閉的、自我設限的。

個體性的存在本身就是一種對立，無論這個虛幻的自己如何努力讓它在時空中保持完美，它依然一如本是的它：一個渴求的中心，幻相的根源。只要渴求存在，人獨立存在的幻相就會持續下去，其中的生死、愛恨、成敗、現在與未來等種種問題也會一併存在。而任何由此幻相生起的問題，也必將是虛幻的，其獲得的答案也將是虛幻的。唯有當思想情緒能讓自己從自我的幻相中解脫——亦即那個由思想與情緒、感情與理智所創造出來的自我，實相才能存在，那是深陷渴求的心情所無法理解的至樂。在觀察、研究與了解渴求的過程中，在對它變得覺知的過程中，有一種新的能力，一種新的意志、新的了解會出現。正是這種新的了解，帶來了對至高之境的體驗。

23 仇恨的毒害

W問，要如何讓自己從仇恨當中解脫。她認知到這對她自己和那個仇恨對象都是帶來毒害的。她已經試過各種方法來擺脫這件醜陋的事，例如祈禱、堅定地宣稱、替代法、參加活動等等，但是她發現，反彈回來的是某種更強烈的情緒，而且有時她幾乎無法覺察到它。她擔心這會逐漸變成一種固定的習性，因而變得十分害怕。

我們聊了一會兒，不久雙雙同意，仇恨與惡念正在全世界恣意蔓延，而且透過各種形式的傳播活動受到極力煽動。**在一個鼓勵並推崇追求成功之貪婪與欣羨態度的社會環境下，仇恨與惡念是無法避免的。**一個將成功、個人野心與競爭設定為理想目標的社會，必然會帶來殘酷無情，那就是一種仇恨。一個科技高度發展的文明，必然會喪失憐憫與慈悲心，也必然會無望地陷入物質與感官價值之中，而那將無可避免地導致敵意、衝突與戰爭。當狩獵和其他形式的野蠻舉動，變成一種娛樂遊戲、一種愉快的消遣時，人們遲早會轉而利用這同樣的本能，以上帝或國家或某種意識形態之名來屠殺人類同胞。

我們就是過去的結果，若不去了解仇恨、惡念與其他形式的敵意，是在有意識或無意識的情況下建立起來的，而光是想著如何克服它們，不但是白費力氣的，更會強化造成其他災難的錯誤思維。以愛去替代仇恨不但會造成隱瞞與偽善，也會增強錯誤的思維與感受。這些方式與其他膚淺的表面措施，將會阻礙一個人去積極發現衝突、仇恨與貪婪的根源。一個人可以建立能夠抵抗仇恨、訓練良好的習慣，但是這個習慣本身將會滋長欠缺思考的態度，進而在不同情況下帶來另一種形式的惡念、仇恨等等。壓抑、替代或強加於自我的紀律都無法根除仇恨。仇恨是一種效果、一種反應、一種結果，而它的根本肇因必須經由徹底搜尋找出來。

在尋找的過程中，在保持覺察、發現根源的過程中，正確的思維將會出現。它就是能夠完全摧毀仇恨根源與效果的「正知」。若要找到它，一個人的情感思想必須不帶任何偏見，因為無論傾向哪一邊，都將阻礙這場發現。因此，任何的傾向、偏袒與直覺，都必須經過仔細的觀察、研究與了解。如此，一個人會開始體會到過去與當下環境的影響，以及自己在其中所扮演的積極角色。這無法減少衝突，反而可能助長它，但是在劇烈衝突的情況下，正確的了解會初次露出曙光。

仇恨一如其他所有的心理問題，必須從人我關係裡來理解，因為沒有一件事、一個人的問題是完全孤立的。擁有正確的認識與思維，就能讓我們從憂傷中解脫。

24 站在人生的十字路口

H來找我，他處於混亂的亢奮狀態，描述自己正面臨抉擇，必須採取兩、三個行動。他正站在人生的十字路口，不確定該走哪一條路。他可以結婚，隨著自己多年來所養成的藝術家衝動結婚，也可以去別的地方，安安靜靜地從事研究、靜心冥想。他該怎麼做呢？對他而言什麼才是正確的做法？他該如何選擇？

進一步交談之後，他很快領悟到沒有人可以為他做選擇，或幫助他選擇。如果有人勸他採取某一個特定行動，那麼不但這件事不再是他自己的責任，之後他也可能後悔，覺得自己因為受到勸說而做出選擇，讓他陷入缺乏成就感的處境等等。他必須了解這件事對自己的重要性。

他為什麼會讓自己處於必須做出抉擇的境地？這是個選擇的問題嗎？選擇到底是什麼意思？在不同的選項中間挑選、辨別。讓你決定其中一項、拒絕另一項的動機與力量是什麼？是你的偏見、意向、經驗、環境的影響等等。那就是說，選擇取決於你的好惡、你的滿足感、你的收穫與利益、你最終的或不斷改變的欲望等等。這種選擇與欲望之間的衝突是否能帶來了解，帶來一種清晰而無偏頗的見地呢？在這個辨別的過程中，如何選擇的困惑與衝突一直都存在，不是嗎？因為，選擇之中難道沒有對立、沒有二元的概念？在一個衝突、困惑與對抗的狀態下，是否可能體察到那真實的？為了擁有清晰的見地，為了能夠了解，選擇的衝突不該停止嗎？選擇難道不是依然落入渴求那自我封閉的局限性裡，因而永遠無法成為解脫情緒思想的手段？它反而強化了你的固執，亦即渴求的意志，對於「我」和「我的」的認同感，從而造成孤立、排外，以致體驗到由此生起的痛苦與憂傷、幻相與無知，不是嗎？

徹底感受並深思選擇的意涵，覺察其過程，那麼，渴求本身所帶來的困惑與不確定感，及其充滿衝突與對立的意志或選項，將能獲得了解，進而消融。這份了解就是靜心，因為若缺乏正確的思維，兩相對立的衝突將會持續不斷。

25 是否尋求外來的鼓勵？

RM說：「我想要了解，也想要被了解。我是個藝術家，一個畫家，我創作，也想要我的創作得到欣賞。」他繼續解釋說他需要鼓勵，而非報導與大眾的不斷批評，一個藝術家並非只為自己而活，也為他人而活。「我想要了解，也想要被了解」這個概念是他整場對話裡的重點。

我們聊了一會兒，他向我述說著他的生活，他遭遇的各種麻煩與不確定，我隨即指出，像他現在這樣賦予了解與想要被了解同等的重要性，是個嚴重的錯誤，因為一個是有創造力的，另一個只不過是令人滿足的。最重要的那一個，會在創造的時刻來臨，而當那些時刻變得罕見而不常出現，思想就會轉而尋求環境的鼓勵。我們愈是容易受到他人、娛樂、酒精，以及眾多引發忘我現象之手段的影響而分心，帶著了解專注創造的時刻就會益發薄弱。這樣的時刻不該藉由改變國家、場景或環境等令人分心的手段，以求復活，因為那只是短暫而膚淺的激勵。唯有當一個人了解並且超越了內外一切令人分心的事物，那永不消退的真實狀態，亦即創造的狂喜才會出現。這個時刻是「負向了解」（negative understanding）的高峰，因為那「非創造的」永遠如新、永遠鮮活，頭腦卻永遠在祕密地、迂迴地暗中追求安全感所帶來的滿足，追求一個停泊之處、一個可以歇息的所在。只有在一個偉大的、不加疑問的不確定時刻，在深深的寂止當中，了解才會出現。

對這些內在與外在令人分心的事物保持覺察，是一項艱鉅的任務，但是只有在了解它們的本質、它們的方式，而非否認它們的前提下，開闊的專注狀態才會出現。

自我認識與自我覺察能帶來正確的思維，若沒有正確的思維（它與正確的念頭完全不同），便不可能臻至排除一切干擾的、具創造性的專注狀態。

26 放棄性慾就能專心？

B醫生說他想要克服自己旺盛的性慾，好讓自己能更專心工作。

一個人必須深入了解權力及其中隱含的相當複雜的問題。放棄性慾相對上是容易的，但是它所釋放的權力卻能製造出無數的問題。為了其他形式的個人權力而放棄其中一種個人權力，是一種欠缺思考的行為，將導致無知與痛苦。一個人必須了解權力的各種形式與面貌。

苦行是一種堅決的禁慾，一種算計過的、受控管的否認，它能製造出巨大的個人權力，而無論那權力有多麼重要，都是自我封閉的，無論它多麼廣泛，都是狹隘的、受限的。如此的權力是排外的、異常的、分裂的，因此無法帶來對整體的全面性了解，而若沒有這種了解，就會有衝突、憂傷與對立。對權力的渴求是一種追求安全的形式，但是只有在不安全的情況下，了解才有可能出現。

理智（the intellect）會透過各種迂迴的管道追求這份權力——例如透過表現得聰明伶俐、睿智、機智，透過對理性與思想的掌控，透過理論與公式，透過政治與社會上的威望，透過宗教與經濟組織等方式來達成。理智透過知識與知識賦予的支配權來追求權力。理智永遠都在追求一種安全，它或者公開，或者祕密地這麼做，而安全意謂著個人權力。那是一個個人膨脹與個人終結的所在地，它是自我矛盾及其一切問題的來源，理智的解答是它在追求安全、權力的過程中自行創造的。這樣的追求，祕密的、微妙的、狡猾而迂迴的追求，將在過程中創造出人我關係裡的貪婪、嫉妒與恐懼等種種複雜問題。若不了解權力運作的方式，只是戒除性慾與其他的權力行使，徒然是賦予了潛藏的渴求更大的力量。

再次強調，情緒、煽情、浪漫主義、想像等之中，都含有驚人的權力，它們會以各式各樣的活動形式出現，包括宗教、社會、個人與集體、國家與種族等相關的活動。當權力集中於情緒化主義，會變得極度邪惡與危險，導致各種災難與不幸。

禁慾在其追求權力與安全的過程中，賦予了身體這一有機體強大的力量，並強調了感官價值。

這些面向都有它們特定的問題，它們所提供的答案也無可避免地將是偏頗的、不完整的，極其不真實的。

現在，藉著對權力這一複雜問題保持覺察，並以不認同、不評斷的默默觀察方式進行負向理解，權力的因果關係便能獲得了解與超越。如此一來，理智所建構的防衛機制會被打破，在它生起時亦能夠獲得了解與消融，那麼愛將會無聲無息地悄然來臨。若沒有愛，這許多形式的權力及其隱含的衝突、困惑與對立，便永遠不可能獲得超越。在這道愛的火焰下，複雜的權力渴求將會消融殆盡。針對權力問題所做的其他一切解答，只會助長貪婪、恐懼與無知，除了了解與愛，沒有其他方式能使人脫離這種困惑狀態。

這份了解比規範權力更加艱鉅、費力，那種規範終究是自我封閉的、狹隘的、受限的。那浩瀚無邊的未知境界必須在愛之中，而非在理智那又深又微妙的防衛態度之中領悟。當理智沉默了，理性自行耗盡，就在那種超理性的狀態下，這份消融一切問題的愛將能夠被了解。我們必須去感受、了解的，正是這樣的愛。

27 什麼是覺察？

大老遠前來的B問道：「什麼是覺察？一個人要如何變得覺察？」

回答這種問題的時候，有必要先了解提問者的想法，以及他的大略背景，因此聊到了他的生活，聊到存在的複雜性與它的憂傷，也聊到了山嶽的美麗。

覺察來自清晰與了解。它不是一個讓你盲目接受的東西，亦非任何權威的產物。本質上就是一種自我認識的結果與開始。透過自我認識，覺察的強烈火焰將會生起。正確的思維來自於自我認識，正確的思維即是為覺察增加強度與深度的燃料。沒有正確的思維，就沒有清晰，而清晰不是透過決心或是單純行使意志力而來，因為單是意志力會強化一己的性向、習慣與無知，了解與清晰是源自於自我認識所生起的正確思維。

由於我們的思想感受會因為貪婪、恐懼與無知，而產生困惑與矛盾，所以必須透過自我覺察將清晰與了解帶進來。若只是評斷與拒絕接受，而不是去徹底體驗思想感受，不是盡可能廣泛且深刻地去思考與感受，那麼這份清晰就會受到否定與遮蔽。要想徹底思考、徹底感受，就必須保持覺察，而這份覺察會因為評斷而遭到阻擋。

要想獲得了解而來的清晰，秩序是必要的，亦即理解意識的每一個不同層次，包括感官、情緒、理智、身體、理想與理性上的面向。雖然每一個意識層次都是「分開的」，每一個層次卻也是相互關聯的。每一個層次，都必須加以釐清，每一個思想感受浮現時，要仔細探究它，徹底思考並感受它。隨著你對每一個思想感受的清晰理解，覺察會變得更銳利、更強烈。因此，隨著每一個思想感受獲得徹底而全面的思考與體會，覺察將會成為開闊的、含括一切的。有了經驗之後，你自然而然會知道，什麼是思想感受裡必須探究的重要線索，什麼不是。當你將注意力放在其他事物上時，你會發現，在無意識之中，思想感受的波動起伏都會默默留下紀錄，稍後在你的注意力重新聚焦時，它們會將自己投射出來。

透過廣泛的釐清與了解，心會在深刻的覺察之中安定下來。在這份靜默的覺察當中，有一種感受會無來由地生起，它不是任何影響力與任何渴求所製造的產物。當這種感受，亦即喜悅、狂喜浮現，心會立刻攀附於它，想要將它儲存起來，好好享用，或者它會對自己說：「這份新的喜悅多麼令人愉快啊！」於是，在盡情品嘗並陶醉其中的同時，它也會將這份狂喜儲存在記憶裡，以供日後享用。因此，這份無邊無際的感受所包含的鮮活實相受到了忽略，因為心一直執著於它的記憶，而那是死的、空虛的。再次強調，對於這份想要牢牢抓住一種經驗，並讓它成為一種習慣、一個停泊處與一份安全感的渴求，必須透過全面而徹底的探究來加以釐清和了解，如此才能更深刻、更強烈地覺察到無邊無際的寧靜，而其中的實相就是無邊無際的愛。這份覺察，這個意識，是超感官的，也是超理性的。

28 擾人的夢

R說他受到各種不同夢境的擾亂，這些擾人的夢會隨著他的心理狀態而增減。擾人的夢已經持續好幾年了，雖然他曾求助過心理分析師，但這種現象依然持續，只是強度或有不同。他該如何讓這些現象停止呢？若想擁有無夢的睡眠，他該採取什麼必要步驟？

我們輕鬆地聊著他的生活、關係，以及一些使他心煩意亂的事。他是一個友善又聰明的男子，精通多種哲學。

一個人在清醒的時候愈是能夠覺察，能盡力充分而廣泛地徹底探究自己的思想感受，夢就會愈少。由於一個人不覺察，在白天的時候不清醒，對事件和一己反應的意義與評估，遂因為懶散的態度，在正確時機缺乏警覺而溜走。然而，如果這些事件與反應很重要，它們都將被內在的心念記錄下來。當所謂的睡眠存在，這些記錄的資料就會以夢境形式呈現，無論它們是重要的或無關緊要的皆然。接著，這些夢境會被自己或專業分析師所詮釋，而這兩種都有其危險性。若是自己詮釋夢境，就必須不帶任何偏見、焦慮與扭曲的願望，亦不帶任何評斷，這是極為困難的。任何錯誤的詮釋都只會令人迷惑，並賦予該夢境一個新的形式。要防止這類詮釋所造成的困惑及其伴隨的憂慮與質疑，一種較為睿智與穩健的做法，是在清醒的時刻保持警覺、覺察，盡可能完整而廣泛地徹底探究每一個思想感受、每一個反應，而這需要嚴肅認真的態度與專注。求助於分析師不但不會讓你對內在潛藏的那份無量寶藏有所覺察，反而會無可避免地讓他成為你的依賴對象，那可是比所有的夢境要糟糕多了，因為依賴會創造安全，而在安全之中是沒有了解的。

藉由覺察每一個思想感受與每一個反應，盡可能深入並充分地探究、體會它們，你會發現，秩序、清晰與了解會浮現，並且伴隨著強度更高的開闊覺察。如此一來，無論是在白天清醒時或晚上睡覺時，夢境都會減少、消散，於是睡眠將會變得和清醒時刻一樣重要。因為，睡眠會成為強化版的清醒狀態，和清醒狀態對應的就是睡眠。如同清醒狀態，睡眠也有不同層次的意識。一個人愈是能夠在清醒時刻有意識地接觸意識的較深層次，就愈是能夠在睡眠時刻領悟到那些超越意識最深層次的狀態。如果一個人能體驗到那些狀態，就可以說它能對清醒的表面意識產生深刻的影響。

要體驗那些遠遠超越表面意識所能觸及的狀態，是最為困難的，因為無意識必須透過表面意識的覺察與開放來清空它的內容，因此，當深刻的寂止狀態出現，對那無以名狀的領悟亦將出現。

29 認清關係的本質

H說他發現關係是最耗費心神、最衝突頻仍的，一開始的時候，它都會帶來一定程度的喜悅，但很快地，紛爭與痛苦會漸漸滲透進來。他問我如何擺脫這種衝突狀態。

存在就是一種關係，而所有的關係都是痛苦的，造成不安的根源正是關係的本質。你可以在腦袋裡構思一個理想關係的模式，但那只是逃避現實罷了。這種理智上的理想會妨礙你做出調整，也會阻礙超越衝突的可能性。如此一來，該理想模式會變得比了解更重要。認同阻礙了正確的思維。

關係免不了有痛苦，這可以從日常生活獲得印證。如果關係之中沒有緊張，它就不再是關係，變成只是一種舒適的、昏睡的狀態，一種鴉片，而那是多數人想要的，而且喜歡的。衝突就發生在這種對舒適的渴求與現實之間，在幻相與實際之間。如果你能認出這個幻相，你就能放下它，將自己的注意力轉移至了解關係上。如果你想從關係裡尋求安全感，那就是對舒適與幻相的投資，而關係裡最美好的部分正是它的不安。如果你想藉由關係尋找安全感，就是在阻礙它的功能，那也就必然會導致該有的後果與災難。

當然，關係的功能是揭露一個人的整體生命狀態。關係是一個自我揭露的過程，一個自我認識的過程。自我揭露是痛苦的，需要思想與情緒的持續調整與適應。那是一場痛苦的掙扎，其中包括了幾段短暫開悟的平靜時光。要想將各種習慣、禁令、哲學與教條連根拔除，是一件非常令人不安而且費力的事。但是，關係的功能就是帶來了解，而要想了解，衝突似乎是必要的。在完整的自我認識之中，會出現免於痛苦、衝突與困惑的自由，而關係就是邁向那份自由的途徑。即使是一個從世俗紛擾中退縮、走避的人也不是孤立的。排外裡頭存在著無知。每一件事都是息息相關的，在了解這樣的關係及個中的酸甜苦辣之後，僅僅是單純的了解，了解關係裡的緊張與掙扎、痛苦與喜悅，就能夠清除頭腦與心靈裡那自我封閉的圍籬，從而領悟到那至高無上的至福。

然而，多數人卻逃避這件事，對關係裡的緊張置之不理，寧願選擇令人滿足的依賴感所帶來的輕鬆舒適，而那卻是一份毫無挑戰的安全感，一個安全的停泊處。那麼，家庭與關係雖成了一個庇護所，卻是欠缺思考的庇護所。當不安全感無可避免地悄悄溜進了依賴之中，那段特定的關係便被拋得遠遠的，被一個新的關係所取代，而你冀望它會帶來更大的安全感。**關係裡沒有安全，依賴只會滋生恐懼。**若不了解安全與恐懼的過程，關係將成為造成束縛的障礙，一個無知之道。**所有的存在都是一場掙扎與痛苦，除了正確的思維之外，沒有什麼能讓你從中解脫，**而正確的思維源自於自我認識。透過自我認識，一個人將能領悟那永恆的狂喜。

30 潛藏的偏見如何移除？

P說他在努力理解我曾說的覺察這件事時，他發現自己對這個國家（美國）裡膚色較深的人種存有偏見。他該如何擺脫這些偏見？他在我們進一步交談時解釋道，他成長於南方，已經有一段時間沒有住在那裡，但他發現這種偏見雖然是潛藏的，卻已經準備好隨時被喚醒。

一個人若不了解偏見的因與果，便無法「擺脫」它，在了解的過程中，問題將會轉移至一個更深層、更基本的層次。在思考這一較深層的層次時，直接而立即的因果關係會喪失其意義與重要性。

一個人其實相當輕易就能認知到這個特定的偏見形態是如何生起的：勞工短缺問題、奴隸制度、白人的統治，以及想要在政治與經濟上維持一種——優於南方那個膚色較黑、人口較稠密地區的——優越感。恐懼、偏見、殘酷、輕視與排外等惡行，因為允許奴隸制度這一惡行及其相關的所有野蠻恐怖行徑而加劇。

藉由承認一項重大惡行，例如戰爭，你能夠開啟一道門，通往許許多多較小規模的不幸與災難。**你所受的教育要你抱持偏見**，你透過傳統習得了它，且予以繼承，而這份遺產又透過你與生俱來想要獲得權力與優越地位的支配慾，而獲得維續，並發揚光大。就是這種與生俱來的動力，餵養並且維繫了偏見的存在，因此，只要它依然獲得內在更深層、更強力的「因」所餵養，想要擺脫，擺脫這些屬於表面的「果」，都將是一場徒勞。若能了解這種深層的強大原因，那些次要的原因將會自行消退。若能將重點放在最基本、最重要的事物上，那些次要事物的分量與重要性將自行消失。如果你將重點放在不重要的、次要的事物，你會造成各式各樣的困惑與痛苦，事情也會變得無法解決。

倘若缺乏了解，無法超越想要獲得權力與優越地位的支配慾，那麼恐懼、殘酷、嫉妒與其他種種障礙，就會隨之出現。一個人其實可以意識到對他人的支配慾、權力慾等所必然導致的結果——叛亂、敵對、暴政，終至戰爭。

在你改造自己之前，讓自己變得良善之前，你無法改造他人，也無法將良善帶給他人。你就是社會的一部分，要想影響整體，各個部分必須先轉化自己。要想創造重要且有益的改變，各種形式的支配與權力慾，包括國家主義、種族優越感、競爭、自我擴張等等，都必須在人們友善而包容的態度下受到深入的探究與觀察。你首先必須在自己身上而非他人身上覺察到它，因為**你無法改變他人，但你可以轉化自己**。若能覺察，你會開始發現支配與權力慾的各種運作方式。每當你覺察到它們的表現形式，請徹底思考、深入體會，盡可能廣泛而全面地這麼做。這種徹底思考、深入體會的過程，能使你產生強度愈來愈高的覺察力，透過這份覺察，許多妨害與障礙將會被發現並且消融，從而帶來自由解脫。

如果你僅僅是想要努力擺脫偏見或其他障礙，那樣的過程反而會發展出另外一種阻礙，因此，這種方式並無法讓你從無知與憂傷之中解脫。重點在於正確的覺知與正確的思維。正確的思維會透過自我覺察與自我認識而生起。隨著覺察的穿透漸行漸深，你將能了悟那深不可測之境。

31 正確的謀生之道

S經過了數天數夜的旅途輾轉從大老遠來到這裡，他是一位電子工程師，任職於一間飛機工廠。來找我的主要目的是為了探討宗教生活，他發現家庭生活竟是如此困難，談到家庭所帶來的種種煩惱，也發現很難在不灌輸孩子粗鄙無情的概念，與來自電視網路的可怕垃圾內容的情況下，適當教育孩子。

我們十分詳細地討論了這些事情，並且指出，他必須從自己開始，因為那是他唯一能夠擔保並加以耕耘、轉化的一個領域，這個考量並非自我中心的，而是唯一可能建立正確基礎的根本做法。我們深入探討了這件事，很快便談到正確謀生之道的問題。

一開始我們討論到賺錢的正確手段，他便感到極度不自在，不過仍盡力掩飾。漸漸地，他開始合作，開始感興趣，不再抱持防衛態度了。我說，有一些職業類別明顯是會危害人類的，例如任何形式的殺戮、製造殺戮工具，以及其他明顯形式的殘酷與壓迫行為。傳統、貪婪，以及權力慾主導著一個人賴以謀生的手段，若單純地認為某些職業不道德而禁止它們，只會引發更多困惑。但是如果一個人了解傳統、貪婪與權力的代價及各種含義，因而能讓自己的思想感受從中解脫，就能對自己擁有的少數東西感到滿足，那麼我們的需求也將不會呼應我們的貪婪與浮誇。若能讓一己思想感受從傳統、貪婪與獲得權力的意志中解脫，我們必將發現正確的職業。不去了解並轉化自身問題的更深層意義，一味地針對問題追查，彷彿它與任何事都無關，只會帶來更多的憂傷與困惑。**正確的職業是一項副產品，它本身並不是目的。在追求至高境界的過程中，我們會發現自己的職業生活是與自己的內在領悟相呼應的。**透過外在的，我們可以發現內在的，但卻是那內在的在塑造那外在的，若在不顧內在的情況下一味地想以固定模式改變外在，就是在製造困惑、衝突與對立。

32 棄絕欲望才能有靈性生活？

ＩＳ說他是個經驗豐富的商人，這些年來，他已經見過人生裡醜惡與艱難的一面，現在，他想要過一個靈性生活，因此，他想要棄絕性生活。他已經決定要放棄它了。他說如果下定決心，很容易就能放棄它，因為他有足夠的意志力能克服這件事。

進一步交談之後，我說，在這種事情上，**單是運用意志力雖然能製造出你想要的結果，但它就像是一場造成災難性後果的外科手術**。這樣的決定所根據的，難道不是某種想要獲得、成為或達成什麼特定目標的個人動機嗎？如果是，那麼性所產生的力量，將會被引導至其他更為自我封閉的目的，因此依然維持它的感官取向。這件事的重點並非是否做手術的決定，而是是否深入了解。如果這是個頭腦的或情緒化的決定，那麼這個決定會將愛驅逐出境。然而，若能了解問題及其種種意涵，愛會因此而擴大，亦不會變成理智的玩物。

當任何形式的力量被用來滿足個人目的，包括政治、經濟或性方面的目的時，便無可避免會對當事人與大眾造成災難。如果我們透過性慾追求忘我的狀態，那麼，和其他所有欲望一樣，性慾和它的種種問題會變得比性慾的肇因本身更加重要。無論欲望有多麼高貴或多麼可恥，只要是透過欲望，自我的衝突與痛苦都無法獲得超越。

自我必須透過自我認識來了解。自我造成的憂傷是不能加以否認、忘卻或取代的，它必須受到理解。要想理解自我那複雜的微妙運作，善意與超然的觀察是必要的。透過自我認識，那些色慾、惡念、無知等深埋於意識與潛意識的根源，都將曝露無遺。深入挖掘的方式是最重要的，因為，手段，從一開始就等同於結果。暴力的決定、結論或評斷是不容存在的，存在的必須是一份愈來愈開闊的了解，因為它的溫和特性能消解自我的衝突、困惑與憂傷。自我認識會帶來正確的思維，而自我認識是經由持續的自我覺察而來的。

33 摧毀利用一切事物謀取私利的積習

ＬＭ解釋說她老是發現自己想要掌控、被愛，並且將每一場對話與每一次與他人的會面轉為對自己有利的形勢。一件事發生前，她已經開始在為自己從中謀取利益與優勢。她的腦袋充滿了這些念頭，這些浮誇的想法。她已經不斷玩著這樣的遊戲好多年了，她再也受不了了。她想要認真看待這件事，但她發現自己的頭腦總是不停在算計、假裝，永遠貪得無厭。她該如何讓自己的念頭從這封閉的虛榮心當中解脫呢？

我們為何追求權力，為何喜歡累積，為何喜歡蒐集金錢、地位、頭銜與愛？我們為何要用浮誇之詞讓自己背負重擔？難道不是為了要滿足某個熾烈的渴求嗎？**渴求成為什麼，渴求不被遺漏，渴求達成什麼目的，渴求盡情戰鬥**。如果拿掉這些浮誇想法、頭銜、地位與財富，還剩下什麼呢？一無所有。只有巨大的空虛和貧乏。於是，填補這份空虛、這令人心痛的寂寞，遂成了我們一個持續的需求。我們企圖以財富、性、惡念、浮誇的想法、藝術、活動、政治、知識，以及一切可能的世俗手段填滿這座空井。而那些採取這個無效手段後仍未變得完全愚蠢的人，則轉而求助於靈性生活，求助於神。**他們追求靈性生活，於是神也變成填補這個無底洞的手段**。因此，神成了另一種手段，讓人用來逃避內在貧乏所帶來的痛苦與恐懼。逃避，無論表面看來多麼高尚，都將造成困惑、憂傷及愚蠢。

這份空虛填得滿嗎？你已經試過各種不同的方法，你曾經填滿過它嗎？你可以暫時掩蓋它，或你可能認為自己已經填滿了這空虛，但你很快就會覺察到它那令人心痛的憂傷。幸運的是，你不是那種嚴重自我欺騙、自我催眠的人，以為自己已經找到了正確的填充物，或認為自己的填補方式最後一定能將空洞填滿。

現在，你想要利用神來填補這份空虛。同樣的道理，你能用智識上的公式化來填補它嗎？在你已經嘗試過不同的靈性訓練系統、不同的教義、教條與信念，還有不同的教導之後，你覺得你能填補這份空虛嗎？

你不會說出真正的答案，因為你的頭腦認為自己沒那麼可憐，它仍具有一定的能力，它尚未嘗試過許多填補這份空洞的方法，所以或許它會找到一個方法。

現在，這口井會有填滿的一天嗎？它難道不是一個無底洞，一切想要填滿它的企圖都將徒勞無功？獲得愈多的滿足，要求就愈多，難道不就是渴求的本質？智慧就是對這一事實做出迅速的調整，愚蠢就是無能調整自己。然而，頭腦仍拒絕去理解那無可避免的結果，拒絕面對真相。然後，在真相的發現之中，卻潛藏著從不斷渴求中解脫的創造性自由。

理智所提供的決心與答案，無法使這份無邊無際的貧乏更豐富，沒有什麼能豐富它，沒有什麼能填滿這個無底洞、這份空洞的孤獨感。洞察其根源才能帶來了解與自由。有了這份了解，這個新工具，想要掌控、利用一切事物謀取私利以及浮誇等積習，將會開始崩毀。若缺乏這樣的了解，思想感受的習慣只不過是被另一套思想感受的習慣所取代，而所有的習慣都會阻礙這份創造性自由。

34 追求有效果的祈禱？

N以相當具侵略性的態度盤問我為何不關心祈禱，只關心靜心。他的態度異常武斷，堅持祈禱才是救贖之道，尤其是基督教的祈禱，因為救世主只有一個。

要穿透這種侵略性需要一些時間，還會有一些麻煩，但是慢慢地，他開始緩和下來，我們終於能在不提出愚蠢斷言的情況下好好交談，他有足夠的智慧讓自己生起追尋真相的欲望。他並未完全被自己狹隘的制約所吞噬。

他說他已經持續祈禱好些年了，不過他不屬於任何有組織的宗教團體，也不上教堂。雖然他從祈禱獲得了一些裨益，但他並不滿足，而且隨著年紀愈來愈大，他感到自己的祈禱必須更上一層樓、更加深入。

一如人類所有的深層問題，祈禱是一件複雜的事，它需要謹慎、寬容的探索與耐心，不能急切地要求獲得明確的結論與決定。**若缺乏了解，祈禱者可能會透過祈禱而**

造成自我欺騙。如果一個人沉浸於懇求式的祈禱，它確實會有效果，他經常能獲得所求事物，但是這徒然強化了哀求的祈禱。另外一種祈禱並非針對事物或人，而是祈求理解、體驗實相、神，而這樣的祈禱也經常獲得應允。有另一些形式的懇求式祈禱，是帶著更大的敬畏、更迂迴的方式，但是雖然如此，它依然需要公開或迂迴地要求、哀求、乞求與奉獻。所有這類的祈禱自有其效果，也能為你帶來對應的經驗，但是這樣的方法能讓你產生對究竟實相的了悟嗎？讓我們來探究這一類型的祈禱。

我們經常聽說，也有幾個人曾告訴過我，說他們向自己稱為神的對象祈求獲得世俗事物，然後他們的祈禱蒙獲應允。如果他們對自己稱為神的對象有信心，他們最後一定會得到自己要求的事物，這種祈求健康、舒適與物質財富的祈禱經常能獲得應允，但是依照祈禱的強度而有所不同。

我們難道不是過去的結果，不是與貪婪、仇恨等及其對立面所組成的巨大儲藏室有所連結的嗎？當我們請求或發出懇求式的祈禱，就是在召喚這個儲藏室，召喚這些有效果也有代價的累積的貪婪等品質？同樣地，當我們祈禱能夠理解、能夠體驗實相和神，難道不也是在呼喚千百年來所累積的傳統？它的確能帶來一些相應的體驗，但那是真實的嗎？這種為另一件事物、為某種外在事物所做的懇求，能帶來對真理的了解嗎？這難道不是「錯誤」的方式嗎？透過錯誤的手段，你確實能獲得一些結果，但它們是真實的嗎？

我們從一開始就必須了解自己內在這個二元對立的運作過程，亦即祈禱者相對於祈禱對象的過程。要了解這個二元對立的狀態，必須了解自己，了解自己的心念與感覺。若缺乏這份了解，缺乏自我認識，有效的祈禱會成為一種障礙，導致一個人產生妄想錯覺。一個人要從幻相中解脫是極為困難的，因此，為何要製造幻相呢？去深入了解思考者及其思想感受，不是比製造這種導致衝突、困惑與憂傷的二元對立更有智慧的做法嗎？

那麼，若想要了解，就必須自我覺察，因為自我認識會從自我覺察當中生起。沒有靜心，就沒有自我認識，而缺乏自我認識，靜心也會變得不可能。自我認識來自於警覺地觀照我們的一切思想感受，若出現認同，覺察就會變得遲鈍。了解到我們確實會認同，因而阻礙了了解之後，我們必須認知到，友善而包容的超然心態與暫不評斷的態度是有必要的。我們必須觀察一己思想感受的衝突，它們的矛盾之處、欲望與隱藏的追求目標。如果我們能一整天都努力而誠心地這麼做，自然會在毫無人為外力的強迫下發現，在一天之中，我們需要幾段高度的自我覺察與自我觀察時間。在這樣的自我認識當中，正確的思維將會出現。

靜心即是釋放思想感受，讓它能夠去發現，而它所發現的真相，是能夠帶來解脫的、有創造力的自由。**當一個人停止各種想要成為什麼、渴求什麼的形式，那個包含「我」與「非我」、祈禱者與祈禱對象的二元對立，將會自行瓦解。**那時候，我們會體驗到真實的生命。我們的幸福快樂就存在於這個發現裡，而非在渴求的錯覺裡，無論那個渴求有多麼高尚皆然。

35 為生者還是亡者哭泣？

MN前來時情緒激動，但很快平靜下來，說她很抱歉自己失態了，因為她的兒子最近在戰爭中陣亡了。她解釋道，她抱著一絲希望相信輪迴轉世，去參加了幾次招魂會，在那裡，他兒子以一道訊息的形式出現了，她也被一些自動書寫「耍」得團團轉。然而她說，她依然感到絕望，難道沒有任何方法能讓她脫離這渾沌的痛苦狀態嗎？是否有永生不死呢？

這是個無比複雜的問題，需要仔細地、有智慧地詳加思考，不是要去相信或不相信，而是要去發現，因此，讓我們來發現它的真相是什麼。

這可能聽來嚴苛了些，但是她是在為兒子悲傷，還是在為自己悲傷呢？她是在為生者哭泣，還是在為亡者哭泣？如果為的是亡者，那麼必須探詢那個亡者是誰，他如何獲得生命，他會面臨什麼。如果是為自己哭泣，是自憐，一種絕望的孤獨感，因為執著於他人，將他視為一己的希望或一己的成就來源，或一己的延續，那麼這些也必須加以探索、發現並了解。因為，正是這些情況阻礙你去清楚了解，從而獲得清晰的洞見。這些情況會製造晦暗不明的狀況，但是當那層面紗被掀開，一切都清晰了。她難道不是更關心自己嗎？自己的懊悔、野心及欲望？

還好她尚能夠承認這一點。

就是這些自我封閉的念頭與感受，阻礙她獲得更開闊、更深入的了解。因此，她必須對它們有所覺察，因為藉由自我認識，就會有真正的發現。這是她的第一項任務，也是最重要的任務，因為了解她自己之後，她將會了解何謂永生不死。

那個死去的是誰？是你的兒子，也是成千上萬個父母的兒子。他之所以獨一無二，是因為他是你的兒子，因為他擁有某些特質、某些秉性。從外在看來，他是獨一無二的，就內在而言，他也會有一個或數個凌駕其他特質的心理特質。他是所有這些獨立分開的存在體（separate entities），這一切構成了你的兒子。

這些存在體永遠處於流動之中，其中有一個會浮出表面。有沒有什麼東西是經久不衰的，是否有某種靈性要素，存在於這不斷改變的背後並超越這些改變？頭腦若堅稱有這樣的東西，將和堅稱沒有這樣的東西一般愚蠢，一個人必須自己去發現它。但是，當我們一味執著於這些不同的、不斷改變的存在體，為我的兒子、我的母親、我的愛人，那麼它短暫無常的本質，將阻礙我們去發現並了解那如是的。名稱、形相及其種種聯想是你的兒子，也不是你的兒子，當你深入探詢你的兒子是誰，超越這些變動不居與逐漸消逝的事物，你會發現那如是的。但是，若想公式化那如是的，或是相信那如是的，或是從他人那裡接受那如是的，全是愚蠢的行為，因為這樣的接受、信念與公式化，會阻礙你去了解真相。要想了解那深不可測的，頭腦就必須停止揣測。

過去加上現在創造出「你」和「我」。我們都是過去的結果，我們的生命存在奠基於過去，過去就是我們。當這樣的過去與現在產生接觸，個體性便顯現出來了。父親與母親便是賦予過去機會，而那過去則變成了孩子。這兩個因素必須存在才能製造出第三個，若沒有現在，就沒有過去，也沒有未來。意識就是過去加上現在，而深入意識的探詢，在於必須通過現在這道門。通過現在，黑暗的過去與令人迷惑的未來，都能獲得探討與了解。現在是最重要的，因為它是通往永恆的途徑。強調未來的宗教是個幻相，對過去的崇拜也將阻礙永恆的現在。

不斷透過現在追求誕生，是一種過去的延續，而這樣的誕生便是一再重複發生的轉世輪迴。過去與現在之中存在著因果，它們支配著包括內在與外在、肉體與心理的存在狀態。如果這些因果關係裡的種種限制與自由，未能獲得了解與超越，過去的活動就會延續下去，而那就是在現在不斷追尋、創造出一個對我的兒子、我的丈夫產生認同的存在狀態。過去就如同現在一般鮮活。

人們希望並且相信，透過「我」和「我的」的延續，透過一連串的出生與死亡，透過時間的持續，便能成就完美，領悟至高境界。人們相信，每一次的出生、每一段的時間，都是一個「成為」什麼的機會——成為更完美的、更有美德的、更有智慧的。人們希望並且相信，透過這種水平層面的進化過程、透過時間的延續，那永恆的能夠被了悟。在時間之中受到滋養的思想感受，能夠領悟永恆嗎？認同、無窮盡的記憶累積，都是受到時間限制的，如果思想只是時間的奴隸，如何能夠領悟無時間性的永恆？在水平的層面上，所有的思想感受、所有的存在都是屬於時間的，唯有當放棄這個過程，才能領悟永恆。不放棄它，憂傷便會存在，所有的存在狀態都將是痛苦。由於一個人會尋求安全感、一個停泊之處、一個庇護，因此會有不安全感——亦即恐懼所創造的不安全感，但是如果一個人了解整體存在的本質就是不安全的、憂傷的，那麼這份不安全感反而能帶來最高智慧。如此一來，將不會有執著，有的將是了解的持續綻放與成熟，執著是一種具有保護性的安全感，其中仍有著恐懼、挫折與痛苦。

放棄水平層面的活動是最困難、最費力的工作。若沒有自我認識就無法放棄，而自我認識來自於對每一個思想感受的自我覺察。在徹底思考並體會每一個無意識反應的思想感受之後，自我認識會獲得滋長，從而生起正確的思維，亦即對職業、關係與永生不死所抱持的正確思維。透過持續以警覺態度進行自我覺察，自我認識就能夠生起。缺乏自我認識的愛，只會走向憂傷。若沒有自我認識，一個人便無法領悟那永恆不朽。

36

切勿製造封閉小圈子

SI來找我，解釋說她感受到來自我這方面某種程度的不友善、保留態度，以及缺乏回應。

她以迂迴的方式說出這件事，我們必須進行大量的挖掘工作，才能挖出她深埋的抱怨。經過數小時緩慢而耐心的挖掘工作之後，這些充滿委屈的陳述終於浮出檯面，那就是：人們一同工作時，必須忠於工作，工作人員之間必須有互相鼓勵與輕鬆的雙向友誼，我不可以為自己製造封閉的圈子，也不可以鼓勵這個圈子壯大起來等等。

我向她解釋沒有所謂封閉的圈子，這個念頭本身就是不道德的、完全非靈性的，那些認為有一個獨占的圈子的人，只是想進入這種圈子，卻覺得自己被排除在外。這種排外的、占有的心態其實就存在於他們內在。

她否認這一點，並指出無風不起浪，是我未能覺察出我自己的排外作風。

我指出，我在各個不同國家待過，與不同的群眾相處，有些人會形成一個封閉的小圈子，一個團體，而這群人正是那些認為自己遭到冷落、想要有「歸屬感」的人。我向她解釋，這種排外的獨占心態顯然有害於一個人對整體的了解，而我不是沒有覺察到這一點，這也正是一個人為什麼不隸屬於任何有組織的宗教團體、為什麼會離開排外團體的原因之一。

她再次堅稱我未能覺察到我自己內心這種排外、分裂的心態，以及我對形成小圈子、小團體的鼓勵。我謝謝她為我指出這一點，多年來我一直在思考並且檢視這件事，**一個人必須永遠保持警戒，莫使愛成為一件獨占與排外的事**。

幾分鐘之後，她再度以迂迴的方式展開攻擊：難道不需要肯定工作夥伴，也就是那些在同一個平台上努力工作的人嗎？因為這樣的肯定將大大有助於這份工作的推廣。

我感覺到這就是問題的關鍵所在，因此我說，實相是屬於每一個人的，如同大地與天空，而幸運的是，沒有人能夠獨占它，想要擁有它、占有它的心態本身即顯示出缺少它這一事實。我說，沒有人能拯救另一個人，讓另一個人從憂傷中解脫，每一個人都必須自己去發現這份最高的智慧，再者，一個人無法邀請或排除另一個人的參與，也沒有任何上師或老師能為你揭開它的美麗與浩瀚。在一個人的認同中尋求肯定，等於是接受一種權威，其中的權威心態與對權威的鼓勵，完全否定了一個人對真相的了解。**追求真理的人必須理解並且避開權威。**要想領悟那至高的、完整的境界，必須要能夠謙虛，而謙虛與想要被肯定的欲望是互相矛盾的。在對那如是的了悟之中，既無渺小也無偉大，既無聰明也無愚昧，因為它既是渺小的也是偉大的。

37
自我認識是打開一本頁數繁多的書

有位軍人來找我很多次了。他第一次來的時候，心中滿是困惑與深深的迷惘。他不知道自己為何會投身軍旅，他想要離開，他也不確定這是因為自己基於某種宗教正確而成為有良心的反對者，還是因為自己只是深深地直覺感到殺人是錯的，或是因為自己對這整件事感到恐懼。他說自己並不是害怕被殺死，但是處於這飽受煎熬的困惑狀態，他對任何事都感到不確定，尤其是他自己的想法與感受。他已求助過優秀的精神科醫師，經過一兩次的談話之後，醫師大略指出他是想要退出這齣戲，以保全自己的性命。這位軍人對這樣的解釋相當不滿意，因為他覺得那非常膚淺，而且太過武斷。他不認為自己只關心是否能保全性命，而是模模糊糊地覺察到了其他什麼事，才讓自己陷入不確定與迷惑的狀態。他想要走到長官面前，向他說自己無法勝任等等。

在他採取任何步驟之前，或在他認同自己的任何情緒、取向或信念之前，難道不需要先了解自己、了解他身陷的困惑狀態嗎？在了解自己與自我矛盾狀態之後，他將會找到正確的行動方式，而不會依賴他人反覆無常的回應或家人與社會的命令，或依賴宗教權威。要想找到這樣的行動方式，難道他不需要先研究自己、認識自己嗎？若缺乏自我認識，他將永遠受制於人，永遠處於自我矛盾、困惑與憂傷的狀態。

自我認識並不容易，它需要堅持，需要超然而友善的觀察，以及細膩的敏感度。它是一部頁數繁多的書。每一頁都必須經過仔細的閱讀與理解，你不能任意跳過其中一頁，因為每一頁都為新的發現與體驗提供了線索。你愈是能夠讀出言外之意，你的覺知能力就會變得愈敏銳、愈清晰。想要急著跳到最後一頁的渴求與焦躁的貪婪，將會阻礙你去好好了解每一頁、每一章的內容。而關於最終的結局，亦沒有任何理論與公式可套用。你可以送給一個孩子一部複雜而精巧的機器，但是機器將很快被破壞掉。即便你有能力閱讀關於結局的描述，你也無法了解它，你必須親身體驗它，而若想親身體驗它，你必須認識自己，亦即對那諸多頁面的內容都要有所認識。

自我認識開始於現在，開始於你手上擁有的資料。在分析這份資料的過程中，你將能解開過去與時間本質之謎，而時間正是與過去緊密相連的一種品質。透過這樣的覺知，正確的思維便能培養起來，亦即看待感官刺激、世俗事務、惡念、謀生方法、權力與個人生命延續的正確思維。透過這種正確思維的覺察，心便能從不斷認同的記憶重擔裡釋放出來，獲得自由，這將帶來深刻的安寧與智慧。在這寂止狀態下，一個人將了悟永恆。

38 夢境源自潛意識需求？

L太太來找我，向我描述她做的夢，在那個夢裡，我現身教導她。她對這件事感到很開心，態度躊躇地問我是否記得，問我那是否真實，是否有什麼意義。

我說，自己親自去發現事件、體驗或夢境的真正意義，是一件十分重要的事。依賴他人的詮釋，不僅會讓這些事件以不同形式發生，也會讓心變得遲鈍而迷惑。要想了解一個經驗，某種程度的超然與寬容的分析是必要的，這遠比迫切渴望了解某個事件或夢境重要得多。

每個人都有如此多的反應、行為、經驗、印象與刺激，因此每一個人都必須分辨出哪些才是值得關注的，然後放過其他的。現在，這個夢有任何價值嗎？顯然對你來說是有的。讓我們來看看它是否有任何意義。你自己想要了解的欲望可能製造出這個夢，很可能是你一己潛意識需求的結果創造了這個夢。它很可能是一個帶有排外與分別心傾向的迫切渴求，所造成的結果。它也可能源自潛藏的驕傲等等。這些才是重點，而不是那些形狀與象徵，讓自己迷失其中是一種虛榮，而且沒有任何啟發性的意義。透過持續的覺察，透過保持警戒的警覺心，你將能挖掘出夢境的根源，而你賦予它的意義，重要或不重要，都取決於你看待一己思想感受的清晰度。

39 對大師的信仰

MR說，對於大師，以及那些存在於我們直接而有形的感知領域以外的導師，他曾經是個充滿熱忱的信徒。他們是我們的老大哥，比我們更進化，非常值得追隨。他們對人類自有一套計畫，而且能告訴我們如何實現它的手段與技巧。我為何要反對他們？我激烈反抗早年的教養，錯了嗎？我最終加入他們的團體，擔任他們的代表或助理，錯了嗎？

處理無知這個問題是最困難的，因為它經常披著一件善意的外衣。一個人必須帶著熱切的心情接受善意，但是無知最終將摧毀這份善意。**消除錯覺，遠比任何信仰、接受任何計畫、任何技巧重要得多了**。這件事非常隱密，而且極其微妙，若不先了解其根源與作用方式，所有的思想感受都將成為幻相的玩物。如果無知存在，你如何能夠明辨何謂真實？如何能夠在心受到幻相扭曲的情況下，辨識出謊言裡的真相，或是真相裡的謊言呢？要如實看見真相、看見謊言，需要的是從無知之中解脫、從愚蠢之中解脫。那是一份最棒的禮物。

偏見、輕信他人、只仰賴單一意見、惡念、恐懼、貪婪、強調感官價值與渴求等等，都將滋長無知與幻相。一個人的想法必須著重於如何超越無知的根源，這是最重要的，我們只能給予大師這一問題次要的地位。

在這個物質世界裡，要找到一位老師、一位導師，是極其困難的！你曾試圖尋找過嗎？如果你曾尋找過，在過程中睜大眼睛，絞盡腦汁，那麼你會明白這是一項多麼艱鉅的任務。你的選擇取決於你所受的制約及其引發的反應，取決於你的心情、期望與看法，而一個基於偏見做出的選擇可能只會造成迷惑。明白找到一位明師有多麼困難之後，尤其當他只是通往實相的指示牌的時候，你能信任並接受一個你未曾親眼見過的人，一個你只從他人嘴裡聽說過的人嗎？若你自已在這個地球上尋找老師時都感到萬般艱難，你又怎能對別人所創造的、發現的人如此確定呢？這難道不是迷信嗎？難道不是接受權威，接受某人或一群人的意見，難道不是無知與愚蠢的開始？

無知地追隨他人，無法讓你了解真相，接受他人意見，無論是多麼棒的意見，都無法打破無知。無知是自己造成的，因此只有你自己能消滅它。盼望他人能帶領你了悟實相、獲得幸福快樂，是欠缺思考的結果。**其他人可能會為你指路，但是你自己必須明察秋毫，必須走這趟路。除了你自己之外，沒有人能拯救你。**

當有人聲稱他們較為進化的時候，他意欲為何？了悟真理是一件與時間和成長有關的事嗎？或者它只有在思想感受從時間與成長之中解脫的時候才能體驗到呢？這份自由存在於時間的途徑上嗎？認為時間能帶來了解，難道不是另一種形式的無知嗎？努力下工夫將帶來了解，但是從時間與成長的觀點來看待了解，是一種怠惰的形式。此外，是什麼在進化（貪婪，無論多麼進化，它都會繼續存在，或許還變得更精煉、更微妙，以不同的名義呈現）？難道不是一種持續的改變、形成與死亡，以及一份認同，在為「我是」這一概念賦予連續性？這個「我是」與昨日不同，思想因為害怕未知、害怕不安全而緊緊抓住「我是」的概念。而最高深的思想就是從不安全、不認同當中出現的，不是嗎？有一個持續存在的永久實體嗎？或者存在的唯有那真實的、不死的，亦即一切執取都停止的時候才能了悟的境界？這種渴求存在的欲望滋長了無知與憂傷，而時間是不會讓思想從憂傷中解脫的。憂傷必須透過當下了解其根源來超越，而拖延，即便理由高貴，也無法帶來快樂。貪欲、世俗心，以及對個人持續的執著，都將帶來痛苦，這些都必須透過覺察與正確的思維來超越。

你認為一個計畫、一份美化的藍圖，就能使一個人從束縛當中解脫，讓他快樂嗎？他難道不需要發揮一切力量，掙脫自我封閉的小圈圈所設下的限制與障礙？他創造了自己的憂傷，也只有他自己才能超越自己的創造。這表示，要了悟那永恆的，最重要的技巧就是理解並駕馭自己。自我認識有助於培養正確的思維，但這樣的認識無法透過崇拜另一個人，或透過另一個人的權威，或透過任何意識或祈禱而買到，它亦不存在於任何書本或教堂裡。它必須透過對一己思想感受的自我覺察發現，由此獲得滋養。這是一條辛苦的「路」，儘管路上有許多指示牌，一個人卻必須帶著高度智慧與警覺心去仔細辨別每一個牌子。

每一個團體都有一個特定的想像，認為自己是最受喜愛的，而透過這種方法，為自己吸收了那些追求受偏愛的人，如此奉承自己。這是那些宣傳人員的手法，對追尋真理的人毫無價值可言，因為真理不屬於任何團體、組織、個體，**一個組織愈是強大，無論它是否是宗教組織，它就離實相愈遠**，對團體與個人來說也是同樣的道理。

伴隨著坦率而來的謙虛，有一種沒有矯飾的特質，那對於發現所有問題的究竟解決之道來說，是至關重要的。

你難道不認為，在路邊的神龕迷失自己，圍繞在指路牌周圍裝飾它、蒐集東西，對那些追求真理的人而言，是不值得做的事嗎？對那些追求永恆的人而言，專業的靜心者、對外在的美化、儀式的重複等，都是無用的。一顆誠摯的心，這個難得的品質，會在無知中化為雲煙，心靈也會變得遲鈍。如果不了解幻相的運作方式，心靈將會喪失敏感度與柔軟度。愚痴將會毀壞心靈那細緻的延展度，讓它淪為妄想錯覺的獵物。請喚起你的誠摯之心來驅散無知、了解並超越惡念與感官價值。你似乎保有誠摯的心，讓我們運用它做為正確的手段，帶領你抵達正確的目的地。

40 寂寞，及其伴隨的恐慌

AL向我描述，自己受到一名男子的追求，她對他只有朋友之情，並不愛他。她喜歡他逗自己開心，也想保持友善，但他卻把這些都當真，這件事已經變成一個難解的問題。

在談話過程中，我們發現了許多事。問題的原因不在他，而是在她自己。

當我們陷入寂寞及其伴隨的恐慌，我們總是想要逃跑，想要依賴另一個人，想要以同伴關係豐富自己。我們是主要的發動者，其他人只不過是這場遊戲裡的馬前卒。當卒子回過頭來要求一些回報，我們遂感到震驚、悲傷。如果我們自己的城堡夠堅固，沒有破綻或弱點，那麼外面的戰鬥對我們的影響便微乎其微。老化與伴隨著生起的特殊性情，必須在我們有能力以超然而寬容的態度自我觀察且研究時，加以了解、「糾正」。這些恐懼必須現在就加以觀察、了解，我們的精力，不能只是用來對抗屬於我們責任範圍的外在壓力與要求，也要用來了解我們自己，我們的寂寞、恐懼、要求與脆弱。寂寞不該以任何手段加以掩飾，即使你掩飾了它，它依然存在，等待著再度現身。除了了解其根源並超越它之外，沒有其他脫離的辦法。**緊抓不放、渴求、累積等，本質上就是空虛的**，無論你對渴求表現出多麼不退讓的態度，它就像一個孩子，不斷在成長。渴求是耗不盡的，因為它的內在就是負向的，雖然它的行為表面上看似正向。它表面的正向性欺騙了我們，因此渴求會呈倍數滋長。如果我們透過自我覺察觀察自己的渴求，很快就能發現它的空虛，同時，從了解而生的豐美寧靜也將出現。是這份了解驅散了寂寞與恐懼，這份了解本身自有其豐富與喜悅。

關係是痛苦的，而單獨生活則需要高度的智慧。關係是一個自我揭露的過程，幾乎總是不甚愉快，因此會有衝突，不只是與自身的衝突，還有與他人的衝突。關係裡的這種緊張狀態彷彿一面鏡子，揭開了每一個人的真面目。這種袒露是痛苦的，而那些能夠深入思考的人，對它的態度是不迎不拒，能夠將其視為摩擦與痛苦的根源。反之，那些欠缺思考的人會試圖逃避，躲進一段帶來滿足卻沒有揭露功能與啟發性的關係中。

其實沒有所謂的單獨生活這回事，因為所有的生活都是一段關係，但是在沒有直接關係的情況下生活，卻需要擁有更敏銳、更高的覺察力來獲得自我發現。一個單獨的存在，若缺乏這種敏銳而不間斷的覺察力，將會強化他內在那些已經處於主導地位的性情，從而導致失衡與扭曲。一個人害怕的正是這件事：伴隨著老化而來的一連串思想感受上的古怪習慣。現在就是對它們保持覺察的時刻，透過了解它們，你就能消除它們。內在的豐富本身就能帶來平靜與喜悅。

41 國族主義是一帖毒藥？

RJ說他投身政治，想要將自己的國家從恐怖、謀殺人民的壓迫中解放。雖然他篤信宗教，也研修神學，卻放棄所有這些，因為國家的需要更重要。他不但是個政治家，他的工作也落實在教育領域。他說自己沒有時間靜心，因為他沒日沒夜地在為國家的自由解放而努力。難道先改變外在環境與條件，好幫助人們發現那內在的，不重要嗎？那也是整個國家皆致力於改善環境條件的原因。

隨著感官價值的壯大與傳播，平靜與喜悅的內在富足還會存在嗎？物品的大量增加能帶來有創造力的幸福快樂嗎？世俗的財物，能讓思想感受從它的束縛與痛苦當中解脫嗎？藉著強調物質價值，我們不會創造出災難、殘酷的暴行、駭人的悲劇，一如當前世界所發生的那樣嗎？

外在的從來無法征服內在的，只能修飾它，但能夠戰勝外在的卻是內在的，例如貪婪、激情、對權力的渴求等。當思想感受從感官刺激、世俗事務、個人的名聲與不朽當中解脫，一個人會發現內在的富足，那是一種無法摧毀的快樂，一種非關個人生命延續的不朽。正是這種不會毀壞的富足為世界帶來了秩序與清明。這不表示我們不該從根本上改變人類的環境條件，而是它本身並非最後目的。環境的改變，惡劣情況的改變，不見得會創造出內在的富足，而內在富足本身即能帶來充滿創造力的狂喜，但是在發展這份從貪欲、惡念、無知當中解脫之自由的同時，外在環境將會出現明確而根本的改變。一個人愈是屈從於貪婪，它就愈是滋長，無論他如何將感官價值轉變為更高等級的感官價值，貪婪的行為都將帶來衝突、困惑與憂傷。然而，超越貪婪能創造內在的富足，在超越貪婪的同時，不需要透過競爭、種族對立、社會與國家的威望，戰爭與各種令人分心的空洞言行，來獲得心理上的釋放。智慧就是能將心力放在最重要之事的能力。人不是只靠麵包活著。

政治所關切的是感官價值的重組，因此政治雖然有助於讓思想聚焦，卻永遠無法為一個人帶來秩序、清晰與幸福。當思想聚焦於錯誤的方向，它的種種荒謬與令人生畏的愚行，遂成為一個人散亂的根源。那時，商業主義與國家將成為最重要的事，因為它們代表了權力，包括個人的權力與群體的權力，而為了維持這份權力、維繫國家的存在，國旗受到了膜拜，這成為人類自相殘殺的理由。只要權力與感官價值支配了人們的思想，人與人的相互對抗、國家之間的相互對抗，以及意識形態之間的相互對抗就將繼續存在。只要有權力，就會有壓迫、有戰爭、有混亂。只要一個人是在為自己的國家而努力，他就會滋養仇恨、競爭與未來的爭戰。每一個政治人物，無論膚色為何，都說他是為了大眾的利益而努力，為了國家的榮耀而努力，而這個事實的背後，卻埋藏著困惑與痛苦的種子。國族主義是透過國家、種族、群體達成的一種自我陶醉，它是具有破壞性的毒藥。那些深入思考的人會視之為疾病而避開它。對局部的崇拜阻礙了對整體的了解，只要局部支配著整體，就會有壓迫、殘暴與戰爭的存在。

　　靜心是最高形式的思想感受，沒有它，教育怎能存在？如此一來，教育將成為世俗的、技術性的，因而成為導致分裂的、專制的。由於這種所謂的教育，當前的世界才會處於這個駭人的境地。那些能夠深入思考的人，難道不該先讓自己從製造無知的根源裡解脫，試圖協助教育那些處於困惑與憂傷中的人嗎？否則，飽學之士將成為壓迫者手上的工具。

一個國家及其權力愈大，它就愈野蠻、愈專制，一個組織愈大，無論是宗教組織或其他組織，它造成傷害的力量也會愈大。

我們擁有一個深刻轉化自己的可能性，但是如果我們所關心的是改變他人，那麼這個可能性會變得十分渺茫。我們必須先從自己著手，而不是從國家或從鄰居與機構下手。我們是什麼，世界就是什麼。

42

活化內心遲鈍與敏感的區域

MLK描述，他發現自己變得愈來愈死氣沉沉。他的嗜好逐漸凋零，事業與政治淪為空殼子，樂趣消失，家庭也變成一種例行公事。他感到疲乏、意志消沉，而且受夠了所有的宗教機構與宗派。他不需要負擔賺錢謀生的責任，因為他有一些錢，家人也受到妥善照顧。他想要談談這件事。

他向我更詳盡地描述了自己的生活。在對話過程中，我發現他尚未完全麻木，還有一、兩個區域並不完全呆滯。活化這些區域，敏感度與敏銳度就能擴散到心的整個表層。心就像一塊感光板，只有在整塊板子都是敏感的、有反應的時候才是「有用的」。由於他能夠覺察，因此還有一、兩個區域是依然能活化起來的，若能強化這些區域，那麼遲鈍的區域也會開始被點亮。因此，我們的問題不是如何讓那些遲鈍的區域復活，而是如何強化那些尚未完全麻木之區域的敏感度。了解這一點相當重要。

直接攻心的麻木區域可能看似一種積極的做法，但其實只是在浪費精力，因為麻木的區域必須間接地、反向地處理。你愈是直接在麻木的區域下功夫，它就會變得愈是困惑、穿不透。你愈是努力想要直闖大門了解過去，它就愈是令人感到迷惑、困擾，但是，如果你透過現在來處理它，它自會產生意義。反向或間接的處理能使人有所了解。

同樣地，透過強化、深入那已經具有敏感度的地方，其他穿不透的地方也會開始活化起來。因此，我們的問題是如何刺激並拓展那些尚未變遲鈍的地方，而這要藉著覺察，並盡可能廣泛、深入地思考且徹底感受來辦到。一件事發生時，我們會賦予它一、兩個詮釋，然後便死守著那樣的詮釋。我們只想要透過唯一一道門來進入一座漂亮的花園，而變得對它的可愛與美麗視若無睹，因為穿過那道特定的門只不過是我們自以為是的幻想。可能有其他的門，但我們卻冥頑不靈。這種冥頑不靈會滋長遲鈍和心的萎縮，一件事能有許多種詮釋，你愈是努力去發現更多詮釋，你的心就能拓展得愈開闊。

藉著覺察那些思想感受仍算敏銳、活著的區域，這份覺察將能帶來具啟發性且逐漸擴大的回應能力。從頭到尾堅持保持覺察，這點至關重要，漫不經心、斷斷續續的覺察，是無法帶來清晰的洞見與了解的。

43 心如何複製自己？

ＳＲ說，她發現要對付令人分心的事是件極端困難的事。這些事物讓心變得器量狹小，她真的很想要從中解脫。令人分心的事物似乎太多了，使人迷惑，她愈是與它們對抗，似乎就有愈多令人分心的事物出現。她找不到擺脫它們的辦法。

她是否以正確的角度看待問題呢？是令人分心的事物讓心變得狹小，還是本來就狹小的心變得分心了？你愈是掙扎地對抗它，心就變本加厲地複製它自己，於是這道難題遂變得無解了。一個問題是無法在它自身的層面上獲得解決的。

瑣碎而狹隘的心會因為空洞的言行而變得散亂，因此問題不在於那些令人分心的事物，而是如何深化、拓展自己的心。僅僅擁有知識會成為一種上癮情況，成為另一種形式的分心，或許是更微妙的分心，而閱讀和獲取資訊也是一種分心方式。透過這些方法，你或許可以拓展、深化心的表面層次，但這些方法本身也會成為散亂的來源，讓心產生依賴。依賴與執著都是令人分心的。這些令人分心的事可能是崇高的，也可能是瑣碎的，但它們都讓思想飄離了核心問題，也就是自己，那個有著憂傷、恐懼、衝突、短暫喜悅的自己。這些占據式的減壓方式會漸漸讓心變得遲鈍，使它變得瑣碎、狹隘、固執。運用外在的方式讓心變得銳利、更有深度，確實有幫助，但是效果卻有限，因為這些方法會成為依賴與執著的工具。只有透過自我覺察與自我認識所揭露的真相，心才能脫離自身的束縛與局限。自我認識能夠滋養正確的思維。

執著也是同樣的道理。**與執著對抗是徒勞的**。執著只不過是一個症狀，只有在它真正的包袱未被覺察到時，它才令人愉快，它的根源存在更深層之處。你可以為另一個執著戰勝一個執著，因為它一直令你痛苦，是那份痛苦在「解放」你，驅使著你遠離那個特定的執著，但是另一個執著會很快地滋生。

痛苦無法帶來了解，它只不過是個警告。執著的出現有許多原因：孤獨、它所產生的力量與權力、恐懼，以及所謂的愛。愛一個人的時候，我們會很奇妙地感到自己變得更強、更有創造力、更喜悅，對方也成了讓我們幸福快樂的必需品，因而滋長了我們的依賴與執著。正是這樣的依賴與執著，以及其中的恐懼、嫉妒、懷疑與失望，摧毀了愛。愛本身已經喪失了意義，現在，想法與人取代了愛的位置。

與執著對抗並無法了解它的原因。要想了解執著，首先必須停止對抗它，反而要變得冷靜並且覺察到重點，亦即覺察到執著的內在本質與含義。讓那樣的覺察開花結果，帶出潛藏的原因。如果你對自己的思想感受不誠實且妄下決斷，覺察就不會開花結果。最微小的決斷都將阻礙你發現潛意識的內容，而這樣的發現本身便足以讓思想感受從依賴與執著當中解脫。

透過引發自我認識與正確思考的自我覺察，心靈將會變得更深、更廣。自我覺察，及其伴隨的自我認識與正確的思維，也會流入更深、更廣的靜心之池。

44 戒菸無用論？

MN向我描述了自己在戒菸遇到的困難。他已經試過好幾種方法來打破這個習慣，但是依然戒不了。經過一番痛苦的掙扎之後，他曾一度放棄抽菸，但是菸癮再犯，而且這回癮頭更強。

他想戒菸的原因是什麼？是不是他認為抽菸不靈性、不道德，還是抽菸會影響健康，還是牽涉到開銷問題？如果他想戒菸的理由不是為了這個習慣本身，而是為了其他理由，那麼僅僅是用替代的方式，也會造成結果類似的困難，而且替代法是在拖延最重要的問題。當你的注意力離開了替代品，原本的問題又會再度浮現。對替代品的渴求是十分微妙的，但是若一個人能認出它的謬誤並覺察到它，它便會失去吸引力。那時候，一個人便能努力解決問題本身。渴望戒菸與抽菸習慣這兩者之間產生的衝突，以及耗費在對抗它的精力，會變得完全無用，那是因為你現在處理的不只是問題本身，還有另一個額外的問題，就是戒掉它這件事。你的思想在這兩個問題的爭鬥之間變得筋疲力竭，而抽菸習慣依然故我。

如果你不去譴責它，而是去思考你為何抽菸，以及抽菸習慣是如何養成的，那麼你所處理的將會是一個比抽菸更大的問題，那就是習慣與欠缺思考。若能了解那更大的問題，較小的問題自然會消失。欠缺思考會滋養習慣，那讓一個人成為奴隸。讓我們看看這個抽菸習慣是如何滋長的。一個人還是男孩子的時候，會在其他男孩抽菸時試試抽菸是怎麼回事，雖然讓人覺得想吐，卻是每個人都在做的事。不久之後，身體漸漸習慣了這種毒素，抽菸遂成為一種愉悅的感受。它還能在建立同伴關係之前，為那個害羞、緊張的狀態搭起一座橋樑。它讓自己的手有事做；每個人都在抽；不想變成怪胎。此外，還有香菸廣告不斷發揮著提醒作用。這一切都指出一種欠缺思考的狀態，欠缺思考會滋長習慣，讓人難以掙脫。

因此，問題在於欠缺思考及其令人墮落的習慣。若能對某一方面的欠缺思考保持覺察，你很快便能在許多其他方面覺察到它。藉由覺察到你自己的欠缺思考，你就已經做到深入思考了，而透過持續的自我覺察，它將會變得更廣闊、更深刻。在這個過程中，你會見到抽菸的自動化需求與反應漸漸減弱，進而消失無蹤，因為你那深入思考的注意力愈來愈能夠全面地保持覺察，習慣也會在覺察的火焰裡消逝。

因此，戰勝習慣並非要以另一個習慣來替代。所有的替代品都傾向於鼓勵欠缺思考。你愈是與欠缺思考戰鬥，它所征服的領域就會愈大，一如所有的邪惡事物。然而，只要能對它保持覺察，觀照它的運作與表現，深入思考與覺察的強度將會被喚醒，它們的清晰將會驅散那令人迷惑的黑暗。

45

表演也能助人？

ＴＹ是一個軍人，一個年輕人，他說自己的一個朋友來過這裡，他想要談談一件對他很重要的事。他說他想要以真正的方式去幫助他人，他覺得最好的方式就是透過劇場來達成，因為他有表演天分，不過他的家人卻反對。

他對我描述自己的生活。他十分警覺、敏銳，而且相當不滿。他說這整齣戲簡直爛透了，他覺得自己必須幫忙。

要幫助他人，一個人必須要能夠了解，而了解必須從自己做起。**自我認識必須成為幫助他人的第一步**。他一開始不是真的對幫助他人有興趣，不是對劇場這份職業有興趣，而是將它視為一己興趣的工具，不是嗎？因此，演戲是次要的，他不該完全受到它的束縛。身為一名軍人，他不需要立刻做決定。

如果他真的想要以一種根本的方式「幫助」他人，劇場是最佳的工具嗎？人們去到那裡多半是為了娛樂、尋開心，而不想認真嚴肅，不是嗎？有少數人是認真嚴肅的，但劇場是吸引他們最好的工具嗎？

然而，他解釋道，他不想要與有組織的宗教有任何牽扯，甚至不想談這件事。

除此之外，演戲對一個演員會產生什麼樣的影響呢？他表現得愈好，就愈可能變得更自我中心，即使在私底下的生活也像是在扮演一個角色，而這對自我認識與了解而言絕對是有害的，不是嗎？它難道不會煽風點火，而讓自己的野心、自負，以及全然的淺薄更為加劇嗎？在這種情況下，怎可能會有真正認真嚴肅的心態？

在他下定決心之前，最好能想一想，除了演戲之外，他是否擁有其他潛能，一個更適合他意圖的方法。如果他決定要朝劇場發展，就不可能發現自己可能擁有的其他能力，但是如果他抱持開放的態度，深入探詢，他就會知道。在深入探詢的過程中，他會發現，有一些其他因素隱約在當下攪動著，他若能好好檢視它們，可能會改變自己目前的想法。這份不滿，或許能透過劇場而獲得疏導與解決，但卻必須獲得適當發展，在這過程中，會出現一種充實感，以及每個人都在追求的東西。

46

譴責或接受同性戀？

SR是個年輕人，態度猶豫不決而且滿懷困惑，在談論了一些戰爭的愚昧之後，他說自己是個同性戀者。他掙扎著與它對抗，譴責這是一種罪，因為他的教士告訴他要這麼做；他譴責它，彷彿它是一種可怕的惡魔與羞恥，因為他的家人是這麼認為的。他感到非常沮喪、迷惑，他該怎麼辦？

兩種相反欲望之間的衝突，亦即放棄它或作自己，必須先獲得徹底的了解。如同他自己承認的，這樣的衝突無法創造出他樂見的結果，因此那純然是浪費時間與精力。當衝動來臨，他會接受它，之後再否認，這種接受與否認，只會導致心理與情緒的筋疲力竭，以及靈敏度的缺乏，導致他缺乏自信，變得遲鈍麻木。這樣的衝突無法幫助他了解問題本身，而且徒然製造出反對及其譴責的態度，因此，他變得必須面對兩個問題，而不是一個。

要了解任何問題，你必須心無旁騖，對它付出全心全意的關注。你若接受或譴責它，就不是在給予它完整的、全部的注意力，你的思想感受是破碎的，因此沒有能力了解問題。接受一個事實的時候，不會產生任何問題，但是當你否認它，耗費心神的衝突就產生了。如果一個人承認自己是個騙子，而且如果他對這個事實感興趣，那麼他便能處理它，但是如果一個人否認或譴責它，那麼他就會製造出更多無意義的、令人更加困惑的問題。他就是正在這麼做，因此，他必須覺察到自己正在扯進第二個問題，然後停止這麼做。

他說自己無法不譴責它，而且不曉得為何這麼做。

他要譴責，是不是因為這麼做能為他的欲望踩剎車？若不譴責，是不是他會害怕自己變得更糟？如果他不譴責，他可能會接受它，與它和平共處。他之所以譴責它，是受到恐懼的驅使。

然後他問我，是否贊成他接受這件事。

他會這麼問，是不是因為如此他就能帶著我的贊同，繼續他的生活方式？

接著，他回答說他必須譴責這件事。

譴責或接受都無助於解決他所遭遇的問題。是這樣的譴責與想要接受的欲望，才是他必須徹底而深入了解的。譴責及反對會阻礙了解的順利進行，只有了解能夠解決他的問題。如果他妄下論斷，便是否定這份了解的成熟、綻放。如果他了解另一個人，他必不會因為對方的種族、膚色、姓名等等而評斷他，他必會放下偏見，以友善而開放的思想態度來看待他。同理，如果他能了解自己的問題，他必會停止評斷它或歡迎它，而那正是他如今遭遇的困難所在。譴責很容易，接受更容易，但是這兩者都無法創造出了解。在了解的火炬下，他的問題會消融無蹤。

因此，他必須覺察到自己的譴責態度，努力找出為何滋養這種態度的原因。藉著為它安上一個名稱，他並未解決也無法解決自己的問題。了解這種譴責及反對的態度之後，他將能面對一個格局更大的問題，在他全面理解問題之後，將發展出正確的思維，那時候，他就會知道該對他的問題採取什麼行動。即使他能解決自己的問題，仍會有更大的問題，那就是關於正確思維與正確行動的問題，但是，如果他努力了解那個更大的問題，較小的問題自會含括其中。停留在問題層次的解決之道，會讓思想感受變得狹隘、瑣碎、困惑，然而，若能對其中所牽涉的更大問題保持覺察，就會出現清晰的洞見與深刻的理解。

害怕他人的想法與說法，可能會對這件事發揮制止作用，但問題依然存在。唯有伴隨著全心全意、完整的關注而來的了解，才能讓問題獲得解決與超越。對問題付出這種全心全意的完整關注，遠比問題本身來得更困難。較小的問題會消融於較大的問題之中。

47

流進靜心深淵的自我覺察之流

SL描述自己曾屬於某個團體，其中的活動包括自白或他們所謂的分享。他離開這個團體不是因為這個，而是因為他們狹隘的器量與其他原因。他發現自白在某些時候確實有幫助，但是難道除了向神職人員或某個團體告解，或去見心理分析師，就沒有其他有益的方法了嗎？他覺得一定有，也就是基於這個理由，他前來與我討論這個議題。

一個人必須時刻保持警覺，不要為了一個無益的目的濫用了一己心理情感上的極大彈性。**我們在迷惘、憂傷的時候求助於他人，這當中若無了解，難免會形成依賴，繼而帶來種種痛苦。**這份了解並非來自他人，而是透過發展自我覺察而來，在覺察狀態下，每一個思想感受都像照鏡子般反映出來。但是，出現譴責或接受的時候，或對所知事件下評斷的時候，這個反映就會遭到扭曲。這些評斷會阻礙更深刻、更開闊的理解順暢流動。

在自我覺察的狀態下，自白是不需要的，因為自我覺察會創造出一面鏡子，忠實地反映出一切事物，沒有扭曲，因為每一個思想感受都如實地被投射至覺察的螢幕上，受到觀察、研究與了解。不過，這道了解之流會因為譴責或接受、評斷或認同的出現而遭到否定。一個人愈是能夠觀察並了解這座螢幕，不將它視為應盡的責任或強迫的練習，而是痛苦與憂傷激起我們無窮興趣時自然產生的紀律，那麼他覺察的強度與了解的高度，就會愈大愈高。

這份了解不依賴任何人或任何外在權威，也不依賴任何內在的決心，而是依賴持續的自我覺察之流。透過依賴，思想會成為奴隸，而奴化的思想是可以加以組織、利用的，因此體制化這種事才會滋生，這時，思考自始至終皆奠基於集體主義，因而阻礙了對實相的創造性發現。

要覺察每一個思想與感受，並緊盯著它是一件極度困難的事。我們的心圍繞著太多的思想感受轉動，速度實在太快了，它是散亂的、浪費能量的。單純地想藉由所謂集中精神的方法，對一個念頭踩剎車，以控制心的速度，這已變成一種浪費精力的追尋，因為在不允許心變得散亂的情況下，思想遂更關心踩剎車這件事。以如此的方式，你走不了多遠的。一個人一開始就必須了解這一點，也就是一個踩了剎車的思想將不再流動，但也將不再帶來了解。由於你的心緒都被如何控制散漫的思想感受所占據，心很快便厭倦了，集中精神也將成為一連串的受迫行為，這當中毫無任何了解可言。一個人必須徹底領會這件事。

要想覺察每一個思想感受，頭腦本身必須要體認到，要深入思考並徹底體驗每一個思想感受，必須以較慢的速度來運作。如果一樣東西移動緩慢，你便可以跟得上它，一部快速轉動的機器，必須被調整到慢速前進的狀態，才能被人們研究。同樣地，如果心能夠維持較慢的速度，思想感受也將能被研究與了解。心學會這個能力之後，便能提高速率，而依然保持在極為平靜的狀態。由數個葉片組成的風扇，在高速轉動的時候看起來會像是一片堅實的單一葉片。我們的困難就在於如何讓心緩慢地轉動，好讓每一個思想感受都能被充分追蹤與了解。那些能被深入而徹底了解的事，就不會一再重複發生。

寫下每一個思想感受，而不是在下決心或快樂的時刻特別選擇的一些思想念頭，因為那時心只會想著自己想要的事物。寫下每一個思想感受，包括所有瑣碎的、愚蠢的、善良的，例如早晨起床時就這麼做。當你思考太多事情的時候，你無法寫下每一件事，但是盡可能一一寫下每一件事，而不是挑選過的事。你必須做些別的事，你的注意力會放在別處，但是當你嘗試完整記錄幾次之後，你會發現，即使你必須將注意力放在其他事情上，你的潛意識也會為你內在的思想感受做記錄，因為當你再度開始記錄，這些思想感受將會浮現。檢視你寫下的內容，不加以譴責或辯護，也不接受、評斷或認同它們，這著實是一件極度困難的事。你會發現，自己直覺地會譴責、辯護，而這將妨礙你順利了解所寫內容的深層意義。寫的時候不要將它視為是一種責任義務，情況是你若願意了解，就必須覺察自己如何思考與感受。這是個興趣，而不是痛苦的義務。

如果你堅持記錄一段時間，努力地徹底思考、深入體會每一個思想感受，你會發現你可以辦到，而且期間不會生出任何其他的思想感受。那麼，覺醒的自我覺察將會出現，從而生起自我認識與正確的思維。當然，如果一個人對每一個思想感受都能敏銳覺察、適當反應，他便不需要記錄。很快地，你會明白哪些思想感受該執行，哪些不該，而那些不該的將會凋零，不再復返。

透過這個持續的自我覺察過程，自白就不需要了，因為覺察能當作是一個寬容而且具了解性的矯正法，如此一來，依賴他人也會變成愚蠢而不必要的行為。你會發現，這個過程包含了一種更深刻、更具敏感度的坦率，你也會發現一己思想感受的內在泉源。這樣的發現能帶來清晰的洞見與了解，如此，意識眾多層次之間的衝突將隨之減少。此外，這個過程亦包含了擴展性而非窄化的專注。從這份自我覺察當中，自我認識與正確的思維將會生起。自我覺察之流，將會流入那深邃而靜謐的靜心深淵。

48

當內在的光熄滅

CA說，陷入深深憂傷的時候，她一向能相對容易地面對人生的許多試煉，因為她從小就擁有一道不熄滅的內在之光。但是那一天，這道光突然熄滅了，這件事過去從未發生過。突如其來的孤獨與絕望的空虛感，瞬間籠罩著她，她連續好幾天都感到非常恐懼，不知道自己在做什麼，情況也逐漸變得令人不堪忍受。她說自己一定做了什麼事，容許自己成為負面的，讓醜陋的事物進入了她的心。或許她太活躍、太揮霍精力，因為她有太多事要做了。內在之光為什麼離開她了？要如何重新獲得呢？

我們在童年和年少的時候，經常有一種不可思議的光明與我們相伴，那是心中的一首歌，伴隨著我們度過每一天，但是基於某種原因，它旋即消失了。這道光不請自來，單純地與我們在一起。我們將其視為理所當然，不知不覺地圍繞著它而存在。除非刻意做了一些邪惡的事，在一些全然愚蠢的事情當中迷失自己，否則它將繼續仁慈地與我們同在，不干涉我們，卻一直都在。然而，隨著疲憊、不了解、我們的世俗心與日俱增，變得依賴這道光，想要緊緊抓住它，我們寶貝它，開始加以利用。然後，有一天這道光離開了，沒有經過我們的允許，就像來的時候那樣，留下我們承受著百般煎熬的空虛感，陷入絕望的孤獨之中，我們為那失去的事物哀悼哭泣。

接著，你的記憶甦醒了，找到一些方法與工具讓光復活。它為何會不見？我做了什麼才失去？我必須做些什麼事才能重新獲得？希望有多大？你的心來來回回掂量著，不停繞圈圈，時而絕望時而滿懷希望，努力用盡一切方式要重新獲得，如同一個母親對待她死去的孩子。

她正在做同樣的事，盡一切可能重新獲得它，所以為自己提出解釋、辯護，努力想要找出光消失的原因，不是嗎？這個心念的漩渦反而阻礙她去了解自己的真實處境。她永遠無法重新獲得，因為它不是一個屬於心念的東西，無論它所持續帶來的經驗有多麼令人愉快、啟發人心，現在它都已經結束了。

如果她不以如此嚴厲的態度思考這件事，她應該會生起一種奇怪的感謝之情，因為這是一場覺醒。過去，她接受內在之光，與它一同生活，度過了人生不尋常的試煉。但是現在，她突然經歷一場粗暴的覺醒，那是跌落孤獨深淵的衝擊，空虛，沒有任何依靠。而她應該為此感謝上天。在這個高度敏感的時刻，她應該保有敏銳的警覺度，好讓自己不迷失在一些次要問題，一些信仰、解釋與替代品裡面，因為尋求安慰終將扼殺你的了解。尋求安慰是一個十分微妙而難以捉摸的現象，它的方式很狡詐，偷偷摸摸，卻哪裡也去不了，只能帶你墮入腐敗與遲鈍呆滯的狀態。如果她能不去尋求那種鈍化人心的安慰，那麼現在就是她真正復活的開始。在完全赤裸、沒有任何維繫力量的狀態下，如果她願意，她可以開始往內心深處挖掘，去了解她的障礙物是什麼、阻礙在哪裡。她愈是能夠保持覺察，挖掘與了解的能力就愈強。在自我認識之中，存在著智慧與那永不毀滅的光。

49 透過現在覺察過去

TR是一名士兵，他描述自己體內流著猶太教拉比[4]的血，當年，年輕氣盛、血氣方剛的他加入了軍隊，和許多朋友一樣。他非常努力，精益求精，苦幹實幹，滿腔熱血地往前衝刺、鍛鍊自己。他的一位朋友給他看了一些演講內容，雖然他自己也不明白為什麼，但是他就是有一股衝動想來找我。他被迫放棄大學學業，投身軍旅，但也擁有各式各樣的抱負，或許會成為一名建築師、某種發揮創意的藝術家。他相當年輕，只有二十出頭，而且十分機敏。

他說了一、兩句之後，旁人很快就能看出他內心相當不安，他自己卻渾然不覺。外表看來，他顯得相當平靜、隨和，內在卻煩惱重重、無法放鬆。他說了一、兩件

[4] 譯註：猶太教會領袖。

事，傳達出自己未明確表達的潛意識焦慮，他也談到自己連續做的一連串惡夢。他並不特別害怕被殺死，也未罹患焦慮引發的想像病症（gangplank fever），有些軍人被送往前線時會出現那種症狀。他順帶一提地說，唯一一點是，如果被殺似乎有些遺憾，因為他覺得自己很可能會成為一名非常優秀的建築師，或某種創造力充沛的藝術家。他藉著酒精和其他方式來抒發心情，雖然尚未變成一個憤世嫉俗的人，但他可以看見自己正在變成那樣的人。

他是否想要認真對談，更深入地探討他所說的那些話呢？當然。正因如此，他必須來找我。或許在深入這些議題的過程中，他會發現自己處於一個十分艱難的處境。他說他一直有這種感覺，那是一種模模糊糊的感覺，但他感到內在有某種東西隱隱約約地不停催促他，他又說，他的惡夢可能與這些都有關。

只有透過了解過去，他才能抹除過去，否則，它會一再重複發生，好比一個未完成的經驗會一而再、再而三地重複出現，過去的記憶會延續，造成衝突與煩惱。他無法將自己的過去掃到一旁，他必須透過當下這一刻去覺察，但不是將它當成一種從過去被拉到現在來檢視的東西，而是在試圖了解現在的過程中，去發現現在與過去之間的關係。因此，過去必須透過現在來探究。

他的現在就是他內在與外在的環境兩者，他必須對它們保持覺察，分析它們、了解它們。這種自我覺察將無可避免地帶來不滿的心態。如果這份不滿已經在悶燒了，那麼它會演變為熊熊烈火。在不滿的根源消除之前，他不會有平靜，遭遇的困難也只會更多，不會更少。透過他的自我覺察，他那些潛伏的拉比直覺與偏見會被喚醒，其實它們已經開始活動了。他必須了解它們，但不是透過接受或拒絕，而是透過和善而寬容地觀察，包括它們的運作方式與意圖。這個關於拉比的過去及其宗教背景，將不會讓他太好過，無論他如何試圖壓抑都沒有用。現在與過去之間的衝突會逐漸升高，除非他真正了解它，而且一旦他喚醒了這些意念，它會自然為他製造出愈來愈大的不安與煩擾。一個人不假思索，又或許是迫不及待接受的外在，強迫與組織化運作，必將與內在更深層的傳統與模式產生衝突。單單是接受或否認其中一方無法帶來智慧，也無法帶來內心的平靜。內在與外在的制約兩者，他都必須要仔細思考、徹底感受、深入了解，否則，它們將會成為各種形式之不安、惡夢等根源。光是起而反抗現在、反抗過去，無法帶來最高程度的智慧，除非他能了解思想感受如何從俗、如何限制自己，為自己製造障礙。貪婪、貪欲與名聲等，就是這種自我封閉過程的根源，透過能灌溉自我認識與正確思維的自我覺察，他便能讓自己的思想感受從中解脫。

不滿會以冷漠無感的方式表達，然而**自我表達並不是創造力。多數人會在尋求自我表達的過程中迷失**，他們根據不滿的情緒品質找到了它，但是它無法帶他們抵達任何地方，也許只會為他們自己、別人，甚至這個世界製造更多痛苦。自我表達是自我設限的一種擴張，其中並無快樂。創造力是在你了解自我的渴求之後出現的，這份了解能自然地消除渴求。自我的噪音妨礙了真理的寂靜。

我們創造出社會、環境，而我們必須尋找一個出口。每一種形式的感官刺激、娛樂、消遣，以及有組織的宗教與儀式，都成為一種獲得認可與受到尊重的逃脫手段。這些令人分心的活動與逃避方式，對一個強調感官價值的社會而言，變得益發重要與不可或缺。人們不從根本上改變這些價值觀，反而創造了更精細、更優良的消遣與逃避手段，而這導致了殘暴、災難與戰爭。這個社會，這樣的環境，正是我們製造的樣子。我們該為它如是的樣貌負起責任，假如沒有我們，它就不會存在，我們不能怪社會或環境。它並未完全強迫我們，是我們賦予它力量，然後它脫離了我們的掌控，於是社會或環境變成主人，人變成奴隸，像一部機器。人必須找到一個出口、一個逃脫方式，來脫離這種機械化與受支配的行動，因此他陷入了惡性循環。要想打破這個惡性循環，他必須能夠自我覺察並負起責任。國家，社會，都無法拯救他，只有他自己能拯救自己，但不是藉由孤立自己的方式，而是藉由讓自己免除那些束縛自己的因素辦到，這些因素包括感官刺激、世俗事物、個人名望與永生不朽的追求。

讓自己從這些因素當中解脫的過程中，有一種不死的思想感受會受到滋養。那就是他必須去發掘的思想感受。它就存在他自己裡面，不是在任何正統方式與儀式裡，也不是在教堂或猶太會堂裡，而是在他自己裡面。若想找到這個思想，必須要有努力不懈的懇切態度與柔軟度。在這一趟旅程裡，報酬就存在於最初開始的地方。

50 組織會孕育腐敗種子？

MO說她擔任一個成長迅速的組織的領導人，該組織可以稱之為靈性組織，不過它運用了少許世俗組織的技巧。她來找我是想詢問，她擔任該組織的領導人是否是件對的事，因為她可以感覺到自己內在那股對權力與支配的危險渴求，變得愈來愈強大，但是底下的人都希望她繼續擔任組織領導人。如果她現在放棄，她十分確定這個組織會落入那些利用組織謀求私利的人手中。她必須決定該怎麼做，想和我談談這件事。

組織化的大型團體本身就埋藏著腐敗的種子。它們會成為一種行使權力的手段，被領導人或那些利用組織權力滿足自己的人所利用，依照自身能力的高低分享權力。無論組織是靈性的或世俗的，這種權力的分享都有助於組織的維繫，也能進一步加強思想的窄化，鼓勵排外與不寬容的態度。無論是靈性組織或世俗組織，規模愈大，就會變得愈專制、愈會剝削。

所謂的靈性組織，在它們變成宣傳理念與理論的機械化組織時，就已經喪失了原本的立意。一個人為何要加入某個或大或小的團體，去被告知或閱讀某些理論呢？一個人會加入它們，是因為它們對他有利，可以從中獲得一些什麼。利慾心是迂迴而微妙的。為何需要有大型、強大、擁有眾多財產與投資項目的靈性組織的存在，才能夠發現實相？它只能透過個人的覺察與正確的努力而發現。組織本身變得比什麼都重要——擁有多少會員、擔心會費的問題等等，對真理的追求已經遺落在諸多吵雜的會議裡了。組織成為固執的、僵化的，與其組成分子的思想如出一轍。生命是一場持續的改變，一個不斷「成為」的過程，一場革命，而一個組織卻永遠無法成為柔軟的，因而成了改變的阻礙。它會為了保護自己而做出機械化反應。**追尋真理是一件屬於個人的事，不是會眾的事。要與真相溝通，單獨是必要的，這不是孤立，而是免於所有的外在影響與意見。**宣揚思想的組織，必然會無可避免地成為思想的障礙。

如同她自己已然覺察到的，對權力的貪求在一個組織裡幾乎是無窮盡的。這份貪婪會被各式各樣溫暖且聽來官方的說辭所掩蓋，但是那貪得無厭、驕傲與對立的毒瘤卻受到了滋養、分享與鼓勵。於是，衝突、不寬容、宗派主義與其他的醜陋情事便由此滋長。

保有一個小團體，例如二十或二十五個人的非正式團體，沒有會費與會員制度，方便的時候就聚在一起，溫和地討論探究實相的方法，這不是更明智的做法嗎？為了防止團體變成排外的，團體裡的每個人都要鼓勵或者參加其他小團體，那麼它就會成為一個視野開闊的團體，而不會流於狹隘、偏狹。

想爬到高處，必須從低處開始。或許從這小小的一步出發，一個人就能協助創造出一個更健全、更快樂的世界。

我們又見了幾次面，她說她已經開始讓自己從對權力的貪欲裡鬆綁，也開始鼓勵獨立小團體的成立。

51 獨自生活，還是保有親密關係？

RL遲疑地說，他前來與我商討一件非常私人的事，希望我不會介意。他對談論自己與自己的問題感到有些難以啟齒，因此我們先聊了些一般性話題，一會兒之後，兩人都陷入一陣沉默。不久，他開始娓娓道來，描述他的生活與他遭遇的難題。他解釋道，他結過兩次婚，第三次婚姻也陷入岌岌可危的狀態，因此可能會三度離婚。他懊惱不已，因為他覺得都是自己的錯，但又不知道自己的痛苦從何而來、原因在哪裡。如果他無法找出原因，他覺得可能會永遠陷在關係的難題裡。他不想離婚，但是前兩次婚姻似乎都朝著那一方向發展。

獨自生活需要高度的智慧。那需要擁有敏銳的警覺能力、深度的覺察與了解，才能避免心靈逐漸變得僵化死板，落入自我封閉的過程，養成一些導致內在貧乏、製造無益憂傷的怪癖。獨自生活是一件相當不容易的事，要能夠迅速地靈活調整，並且擁有自我認識的智慧。沒有人能當那一面揭露自己真實面貌的鏡子，在孤立的牆垣之間，沒有任何反射的映像，而這些反映能回饋、發出回聲，那是自己的聲音。**獨自生活相對上是更為吃力的，比起持續擁有親密關係的生活，它的陷阱更多。**

關係就是衝突、痛苦，伴隨著短暫的喜悅、掌控與讓步。它是一件必須了解的事，不是要去塑造或引導，而是要去了解它，它不是占有性的，而是開拓性的。存在就是產生關係，而存在是痛苦的。我們想方設法逃避這份苦，但是如果能了解它，就有可能超越它。**關係是一個自我發現的過程**，不是嗎？你可能不會喜歡展現在你眼前的東西，但是深入思考的人會去思量它，而不會逃避它、掩飾它。大多數人都不喜歡甚至憎恨以自己的真實面貌示人，但是當關係的本質曝露出來，它將不可避免地帶來痛苦與不適。我們努力逃避這種痛苦的坦露過程，它若造成太大威脅、變得太難熬，我們就改變關係。**我們從關係尋求慰藉，而這是「不坦露」，我們根本不想發現真實的自己。**所有的生活都是一種緊張，正是這樣的緊張譜出了真實的樂章。我們想要一段關係平靜無波，讓我們變遲鈍、麻痺，好讓自己能順利面對日常事務，一些毫無創造力、無聊且無用的事務。在關係裡，我們渴望安全、放心，而這裡面並沒有了解，也沒有愛。

RL回答我說他想要平靜，而不是衝突，因為他在家庭外要面對的衝突已經夠多了。他的商業世界競爭激烈，混不下去就得滾蛋，每個人都在想著如何矇騙過關，為了不倒下，必須持續掙扎。因此，他想要他的親密關係能夠寧靜、快樂。

或許是錯誤的職業為他製造了這麼多不必要的掙扎與煩惱，他因而試圖逃避到一段平靜無波的關係裡。他不想要一段包含緊張與摩擦、必須吃力地調整與保持柔軟的關係，而是想要一段居家舒適、處於麻醉狀態的關係，而他的妻子可能會反對這種狀況。如果夫妻雙方都想逃避關係的真相，那麼或許居家生活能保持輕鬆愉快，但那無法解決任何事。他或者可以改變職業，透過正當手段謀生，如果他願意拋開自己的利慾心與權力欲望，他會找到的，或者，要是他辦不到，他的職業將會榨乾他的思想精力，讓他沒有時間也沒有餘力認真而深入地思考關係的內涵。

一切的存在都是關係，關係就是自我認識與解脫憂傷的方式。如果他不想了解關係的意義，就必須付出代價。憂傷無處可逃，他若是逃避，很快就會被追上。

在關係裡，自我的運作方式會曝露無遺，讓彼此探討、了解與超越。若不超越自我，無知與痛苦將永遠存在。要想了解它，一個人必須發揮耐心，不可輕率地驟下結論，而是要深入思考、暫停評斷。除非他能了解關係的全部意義，否則單是建立一段新關係，只會讓他繼續在不同的情境下受苦。那些未能獲得了解與完成的，會一再重複發生，直到它們獲得了解與完成，你無處可逃，所以，就做你想做的事吧。

他離開的時候看起來很迷惘，憂心忡忡，儘管如此，了解的微弱曙光依然出現了。一段時間之後，他又回來找我，他說在遭遇許多家庭上的困難與問題之後，他打算改變自己的謀生方式，雖然錢賺得會比較少，但已經足夠維持他們的需要。此外，他說他開始了解我們所討論的關係的意義，希望能因此獲得一些改變。他補充說，他很認真看待自己的生活，而且奇怪的是，雖然他上次來訪時沒有提到，但他心血來潮想戒酒，而且快要成功了。

52 你在浪費生命嗎？

AB說他發現自己一次又一次陷入執著，每次多少會根據對象的不同而改變模式，但基本上都如出一轍——一樣的困惑與痛苦、一樣的浪費精力、一樣的徒勞。他不知道該如何跳脫這個無用的執著深坑。

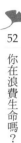

我問他是不是在浪費生命，他欣然同意。那麼，他為什麼要因為執著這種更嚴重的浪費行為而困擾呢？如果整個生命已經是一種浪費，他為何還要擔心自己是否浪費更多生命去擔憂、困惑，被執著的痛苦所折磨？這是他浪費生命的問題，還是他的興趣問題？是否有個興趣一直蟄伏著，卻找不到一個值得他投入的出口？

他說他總是覺得內心有個從未被激發的潛藏興趣，那種感覺只是隱隱約約的，從來不曾爆發出什麼真正的火光。他說，他對政治、商業、家庭，以及宗教都沒興趣，因為它們哪裡也到不了。他說他並非憤世嫉俗，但不知怎麼地，這個世界與它的種種從來不曾強烈吸引他，或激發他潛藏的興趣。然而，這種不斷的執著心態令他深感困擾，他想要擺脫它，尤其這樣的執著並非愛的火焰。

找出為何任何事都無法激起他的興趣，為何他讓它維持蟄伏狀態是一件重要的事，不是嗎？或許，如果他能了解這件事，便可能解決他的執著問題。他是否在等待某種情況來激發自己的興趣？他是否希望藉由別人的幫助來穿透惰性的迷霧？別人能幫助他嗎？顯然，在有意與無意之間，他一直在尋找一個外在因素來喚起他的興趣。看見他一己生命的全然無用，他深受震撼，或許他會將目光投向另一個人或某種情況，期盼它們能將他拖出怠惰的迷霧。其他人怎麼可能為他激發興趣？或者，他一定得自己去做這件事呢？到目前為止，當他沒有看見任何人或任何情況能激起他的興趣，他不需要自己身體力行嗎？他為何不身體力行？他害怕嗎？害怕自己若這麼做，他當前的生活方式與想法很可能必須改變？

不是的，他這麼回答我，那倒不會對他產生困擾，他會很高興展開一場內在革命與外在的變革。他覺得那不是他心生恐懼的原因。他承認自己很害怕，但卻不知到底是什麼讓他感到害怕。他也曾仔細想過恐懼從何而來這個問題，但就是無法溯及真正的原因。

如果他能激發自己的主要興趣，就不會浪費生命，而他那更嚴重的浪費現象，也就是執著，也會隨之停止。「興趣」這個更大、更重要的問題，將會取代「執著」這個較不重要的問題。在了解一己生命的浪費本質時，他遭遇的是更大的問題，然後，那個大問題將會解決較不重要的問題。

那麼，他為何害怕？又在害怕什麼？是缺乏自信嗎？

「沒錯，就是這樣，」他回答我，「我自己怎麼沒想到呢？真是蠢啊！」

如果你知道怎麼開車，就不會有恐懼，但如果你不熟悉如何換檔、踩剎車等，就會害怕開車。你知道自己做這件事時不會心生恐懼，恐懼只有在無知存在時才會出現。既然你對自己無知，那麼就會缺乏自信，就會有恐懼。

有了自我認識，恐懼就會消失。缺乏自信會讓你變得依賴、執著，造成種種煩惱。除了自我認識之外，沒有任何擺脫它的辦法。你對自己愈是能保持覺察，就愈有能力發現是什麼阻礙了自己的興趣，浪費了你的生命。

「你的意思是，透過自我認識，我就能發現真正的興趣，存在就會變得有意義？」

他問。

自我認識是一件極為困難的事，如果你能付出時間與耐心來發掘那潛藏之事，真實的、最終的興趣將會出現，它超越了所有短暫的吸引力。若能持續對每一個思想感受保持覺察，深入思考、徹底感受、暫停評斷、暫停選擇，因為選擇與評斷會阻礙思想感受的完整發展，那麼，你會了解意識的許多層次。透過這種無選擇的覺察，那做為自我、無知、憂傷與時間之根源的渴求，便能獲得超越。這是一項艱鉅的任務，如此，生命會變得有意義，因為你在生命裡發現了創造。

53
擺脫重複、瑣碎的念頭

BC說，她發現自己在靜心時有些念頭會一再重複出現。她也依照我的建議去思考、檢視了那些念頭，儘管如此，它們依然特別頑固地一再出現。這些念頭非常瑣碎，但她卻擺脫不了它們。

自我覺察會流入一座浩瀚的靜心深淵。每一個思想感受，無論有多麼瑣碎，都有其意義，除非她發現這一點，否則它會一再重複出現。瑣碎的源頭可能來自興趣、習慣或是怠惰。如果是來自興趣，就必須追溯來源、重新評估，如此它們自然會鬆開對心的掌控。如果它們來自習慣，她就必須檢視習慣的根源，亦即欠缺思考，了解它的眾多表現方式，從而喚醒你去深入思考。而如果是來自怠惰，她就必須對怠惰保持覺察。毫無覺察的怠惰確實是一種懶惰，但是若開始對怠惰加以覺察，便是活動的開始。

她說，她依照我在談話裡提出的這些可能性，認真檢視了那些瑣碎的念頭，看看它們屬於哪一種類型，但是，儘管她著實對這些念頭花了一些功夫，它們依然不變，不斷回來，這讓她非常困擾。

她告訴我，自己是三個年幼孩子的母親，擁有一個典型的美國家庭，最近她開始對靈性生活產生興趣，也參加了一些座談會。她想要更深入地了解這些概念，也排除萬難地規律靜心。她顯得十分警覺、聰明。

重複出現的念頭可能還有另一個原因。她沒有注意到嗎？一個完整、完成的念頭與行動，不會殘留在記憶裡，一個人會忘了它，將它拋到一邊，但是一個未完成的、不完整的念頭或行動，卻會埋藏在記憶裡。一封寫完的信，很快會被遺忘，但是一封未完成的信，卻會變成一種騷擾、一個持續的提醒。一件尚未做完的工作會戲弄你的心，在它完成之前，你的心思會一直被占據。不完整的念頭、關係與行動會持續騷擾你、提醒你，直到它們完成為止。一個封閉的心會充滿這些未完成的念頭，它們會不斷縈繞在你心頭，直到它們變完整，直到這個封閉狀態被打破為止。

沒錯，她回答道，她也注意到這一點，並且試圖完成這些未完成的念頭與行動。

但是，她繼續說，要如何完成過去已經搞砸的、受到曲解而且令人迷惑的關係與行動呢？

懊悔與怨恨，這兩種人們很熟悉的情緒會滋養自我並賦予它力量，加重時間對一個人的束縛，這樣的情緒必須被擱置一旁，因為那會阻礙清晰的視野。意圖是最重要的，雖然你的關係或行動發生在過去，重要的卻是你現在的態度，以及對待它們的意圖。**現在能夠抹除過去，你想要如何創造現在都操之在你。**過去必須透過現在而獲得了解。

54

深掘與休耕的必要

CD過去已經來找過我幾次了，他第一次來的時候，對靈性仍處於觀望的「只看不買」階段，如他自己所說，但是經過一、兩次交談之後，他明白了自我認識的重要。我們討論到如何培養自我認識，如何深入探究自己、認識自己。此番造訪，他談到自己過去幾個月來一直努力培養自我覺察、分析、檢視、觀察的能力。他認為自己一直非常努力，但最近他發現自己毫無進展，似乎感到茫然、平白消耗。

如果他一直在認真耕耘自我覺察與正確的思維，那麼現在就是收割的時刻，但是他必須完全確定自己確實是在「耕耘」。春季、夏季與秋季的時候，我耕田翻土，剷除石塊、野草，播下種子然後收割，但是冬天的時候，土壤必須休耕，以獲得天地的滋養。在這個階段，大地必須休養生息，恢復生機。同理，我們必須透過持續的自我覺察來耕耘、深掘，以獲得自我認識，除去石塊雜草，以及各種阻礙與自己創造的障礙，我們必須不斷地挖呀挖，才能發現新的寶藏。如果一個人不斷對著自己的園子耕田翻土、移除石塊雜草，卻不讓自己播種，讓種子成長，你會如何看待此人？如果你一直勤奮不懈地培養自我覺察，努力獲得更多新發現，難道不需要停下來休息一會兒，留心觀察就好？正如你必須讓土壤休耕，同時看顧著它，在你辛苦了這麼久之後，也該進入創造性的休息階段了，不是嗎？而這段休息、靜止的時間能產生多少創造力，將取決於你之前自我覺察的程度有多深。

這樣的休息不是一種補償，而是發展自我認識的一個必要元素。在安靜的寂止狀態裡沒有昏沉，只有提升的警覺力，沒有探詢、挖掘深究或培養，只有被動的寂止狀態。這期間沒有任何形式的努力，唯有無選擇的覺察。沒有認同或其對立，只有豐沃的空。如果自我覺察已獲得深刻的培養，那麼這段不努力的時間便如同土壤需要休耕的道理一般重要。因此，在這段靜止的時期，會有一些存在於理智之外、曾被體驗過的狀態和因素被你發現和察覺到，理性可能會上前支持它們，但它們卻不是理性或渴求的產物。每個人在寂止狀態裡會發現什麼，完全取決於他對自我覺察培養得有多麼深入。在缺乏深入的自我覺察與正確思維的情況下，他也能發現自己想要做的事，但那卻不會是真實的，真實的本身就是帶來自由解脫的、有創造力的。

必須要有一段耕耘時期，也必須要有一段停止耕耘並保持寂止的時期。每一個階段都會對另一個階段發揮作用，這些階段是相互關聯的：一個人不能缺少其中任何一個。任何一個階段的品質，亦是取決於另一個階段的品質如何。一個有智慧的人不會尋求寂止狀態，也不會渴求它、猜測它。但是在培養自我覺察之流，讓它流入一個更深廣的靜心深淵之際，永恆裡富含創造性的寧靜將會來臨。

55 防止養成習慣？

DE是一名公務員，他描述自己的工作占據了他的大部分時間。他的工作曾經很有趣，但現在已經變得幾乎機械化了。雖然如此，他留給自己的時間仍是非常少，不夠他與世界的活動保持同步或大量閱讀。他說自己已經結婚多年，但是最近他養成了一個渴望性行為的習慣，他已經接受精神科醫師的治療一段時間了，但依然是它的奴隸。他想克服這件事，但是要如何開始呢？他提到自己隸屬於一個宗教團體，並談到了其中的一些細節。他說他的生活沉悶無趣，受制於例行公事，毫無創造力可言。他談到了他的憂傷，以及公職生涯的瑣碎、狹隘、權謀與嫉妒，為了應付工作需求，還必須持續進行鬥爭。他在無意識之間覺察到意識的某些層面，但需要一些刺激與鼓勵來讓他進行更有意識、更直接的覺察。

習慣是欠缺思考的結果。無論是好習慣或壞習慣，這些目的各有不同的習慣，都

是帶來束縛的。這其中的困難之處不在於如何克服一個習慣，而是如何深入思考。一個人可以藉著建立另一個或許是更好的習慣來擺脫某個習慣，但這無法解決習慣這一問題，亦即欠缺思考的問題。當一個人不假思索、沒有覺察，習慣的養成會是多麼迅速啊！以抽菸為例，它始於欠缺思考，接著透過渴求建立起這個習慣，一個人會在仍是男孩時便開始抽菸，只因為它是一件展現男子氣概的事，或者純粹是因為別的男孩子都在抽。它雖然會讓人生病，卻仍是一定要做的事。很快地，一個習慣養成了。一個好習慣和壞習慣一樣：兩者都是因為欠缺思考而必須付出的龐大代價。

「但是，」他問，「即使壞習慣是欠缺思考的結果，擺脫它還是很重要，不是嗎？」

保持清醒，深入思考，以此防止習慣的養成，而非只是關心如何擺脫那些令人愉快或不愉快的習慣，難道不是一件更重要的事嗎？因此，如果他能關心自己的較大問題，那些較小的困難將會自動讓開。然而，處理較小問題時若缺乏對較大問題的了解，形同將心降低至問題的同一層次，如此將無法獲得解決之道。處理任何問題時，都不能從它本身的層次去了解它，而是要從一個抽象的更高層次去了解。

那麼，他該如何深入思考，繼而化解他的欠缺思考與習慣呢？他的存在就是欠缺思考的，不是嗎？他的環境、宗教、政治、教育、消遣、娛樂等等，都創造出一種去思考感受便等同於憂傷的狀態，不是嗎？若不從眾，你別想成功，然而，**從眾就是在養成你的無知**。

是的，他同意，但是如果他深入思考，他可能會反抗，可能會失去工作。如此一來，他必定會起而反對戰爭，但是他害怕，因此他補充說，他必須從眾。

你必須付出不從眾與深入思考的代價，當每一個人都等著讓其他同胞付出代價，這個世界便淪落至這個可怕而混亂的境地。

難道他不該讓自己的思想脫離環境，不再只是接受、服從權威，而是能溫和地思考周遭的環境嗎？在這種心態寬容的思慮與警覺態度下，充滿創造力的思想感受將會生起，這能將他的習慣燃燒殆盡。

但是，如他所說，恐懼會阻礙深入思考的觀察。

恐懼會滋養欠缺思考，而好習慣和壞習慣皆是從中生出的。透過持續拓展他的思想感受，堅持保持警醒與自我覺察，他便能夠發現欠缺思考的根源在哪裡，進而消融它。這個發現非常重要，它不是理論上與智性上的結論，因為從自我覺察所發現的真相，是具有創造力的、帶來自由解脫的。如果他想要超越自己那惱人的習慣，便不能光是想著要如何擺脫、譴責它，或為它辯護，而是要去了解包括它和其他習慣背後的原因，才能開始打破製造出欠缺思考的機械化行為。這不是個簡單的任務，因為它會帶來許多衝突與令人困惑的問題，但是隨著它們一一獲得了解，繼而消融，它們也能帶來快樂與平靜。

56

執著與不執著都要有滿足感？

ＥＦ說她是擁有一個大家庭與肩負許多責任的女子。她深愛她的家庭，他們十分依賴她，她也或多或少依賴著他們。那不是一種帶來壓迫感的依賴，但卻可能演變成如此。她納悶著何謂不執著，她漸漸上了年紀，該不該培養這樣的心態呢？

她想培養不執著，是為了什麼原因？

「老實說，我想，是為了不受苦。」她這麼說。

這其中隱含著整個問題所在：為了避開痛苦，讓我們培養不執著吧。由於事先獲得警告，說執著會帶來痛苦，於是我們想要變得不執著。執著是令人滿足的，不過我們覺察到它隱含了痛苦，便想要藉由另一種方式獲得滿足，那就是透過不執著。**無論是執著或不執著，只要製造出滿足感，它們都是沒什麼兩樣**。因此，我們所追求的是滿足感，渴求著利用各種方式獲得滿足感。

我們變得依賴或執著，因為這樣能帶來愉悅感、權力，以及一種存在感，儘管它包含了憂傷與恐懼，情況依然如此。我們也是為了愉悅感而追求不執著，不想要受傷、不想讓自己的生命受到傷害。愉悅與滿足感，就是我們追求的目標。我們不是在譴責什麼，也不是在為什麼辯護。因為，若缺乏了解，就找不到出路脫離這樣的困惑與矛盾。渴求可能獲得滿足嗎？或者它是一個無底洞呢？無論渴求的層次是高是低，都依然是渴求、是炙烈燃燒的，而能夠被火舌吞噬的，都將很快變為灰燼。對滿足感的渴求依然持續存在，永遠在燃燒著，它的火舌永遠在吞噬著什麼，沒有盡頭。**執著與不執著都是束縛，這兩者都必須超越。**

那麼，問題是什麼？不是如何培養不執著的精神，而是如何讓心從渴求中解脫、從追求更深更大的滿足感之中解脫、從想要存在或成為什麼的意識之中解脫，是必須超越觀察者與被觀察者。要讓心、讓整個人從渴求、欲望和想望當中解脫，是一項艱難的任務。我們正是渴求的結果，因此超越自己是極度困難的。但是，我們首先必須了解：讓思想感受從渴求當中解脫是必要的。意圖是最重要的。若能清楚地認知並了解這一點，便能追查到自我那些難以覺察的狡詐作風，然後徹底根除。那就是持續保持覺察的工夫。隨著覺察變得更深更廣，從渴求和欲望當中解脫而生的自由，將會在你不知不覺的情況下到來。這份自由並非透過意志的努力而來，而是透過了解。

這份源自覺察與靜心的了解，有它自己的動力，也有自己的活動。如果容許它流動，不受貪婪與回憶的阻礙，它便能進入永恆的至樂裡。唯有如此，所有的衝突、無知與憂傷才能止息。

她問道，難道這一切表示她必須從這世界抽離？她辦不到，因為她還有年幼的孩子要照顧，還有其他責任。

她雖然對內在保持覺察，但僅限於在理智上和表面上這麼做，在覺察渴求所隱含的意義時，如果這份覺察不受到扭曲、分散，而是能夠無礙地進入更深刻的理解，那麼這份覺察將會為你帶來解答。這不是她該如何決定的問題，重點是要有強烈的覺察與深刻的自我認識。一個缺乏自我認識的決定或結論，只會帶來更多的衝突與困惑，但是若有了自我認識，便有正確的思維，進而引發真實的行動。

「我來這裡，」她很快接著說，「是為了學習如何培養不執著的態度，但是現在看來，有個更大的問題出現了，或許這其中還存在著喜悅。」

57

理論與解釋都是障礙？

ＦＧ解釋說她參加了許多宗教崇拜活動與社團，每一個活動與社團都能讓她發現些什麼，也都能激發她內心深處的情感，她對這一點心存感激。但是現在，她發現自己筋疲力竭，原地打轉。她說，她背負著各種理論、解釋、儀式與名詞的包袱，但卻覺得迷惘與不確定，覺得無所適從。

重要的是先理解她對自己做了什麼，然後再帶著這份理解繼續走下去，以此教育自己，不是嗎？因為若不了解過去，她很可能會重蹈覆轍，或落入這些徒勞無益的思想與行動中。要了解過去，她必須從現在開始，從當下置身的狀態開始。掌握這一點非常重要：無論她對當下的認識是深是淺，她都必須變得覺察，追溯過去的軌跡。了解它們之後，她便不會覺得再度陷入同樣的泥沼。**人都是從一個牢籠走向另一個牢籠，從一個障礙走向另一個障礙**，從已知走向已知，因此會有持續的衝突，無法從憂傷中解脫。這些情緒上的狂歡與淚水、浪漫主義與對滿足的追求，難道就是發現真理，發現那至高境界的方式嗎？在這些激烈的情緒起伏與拉扯之間，他們一再感到失望，不是嗎？這種持續的擴展與收縮，難道不會讓思想感受的柔軟彈性平白地變得疲乏嗎？培養思想感受的最大柔軟度，好讓自己能了解那真實的，難道不是最重要的嗎？當這種細膩的柔軟彈性遭到濫用而耗盡，浪費在浪漫主義的淚水與短暫滿足裡，它又怎能感受並了解那真實的？因為那需要高度的恆定性。一如許多人，她讓自己處於散亂狀態，因此她現在必須溫和地深入思考，開始透過覺察來恢復已消耗的敏感度。在這樣的覺察當中，她必須以友善、寬容的態度來觀察自己的思想感受，不去認同它們。若能這麼做，她的柔軟度與理解力便能夠恢復。

種種的理論、解釋、儀式與名詞都是徒勞無益的：它們會妨礙自我認識，它們是障礙，而非助力。它們令人散亂，無法使人將思想感受專注在重要的事情上。它們帶來的是分歧，而非整合，造成狹隘與宗派主義的心態，在人群間製造分裂。這樣的過程潛藏著迷惑、衝突與對立。

一個人會耽溺其中以逃避自己，但是沒有任何方式能逃離自己，解救自己只有自己能辦到。若缺乏自我認識，無知就會存在，無知滋養著憂傷、迷惑、不確定與疲乏。一個人的頭腦若是充滿各種理論與解釋，等同於以死的東西創作活的東西。一個人會強迫思想感受順從於一個模式。好與壞兩者都是束縛，它無法讓你警覺、留心地容許思想感受流暢進入更深廣的理解領域。這種透過恐懼、貪婪與惡念所形成的障礙，同樣會製造出衝突與迷惑。

她必須自我覺察，去發現自己為何不斷蒐集這些理論與解釋的原因。這些僅止於理智、表面與推理上的累積品是毫無價值的。它們無法讓思想感受獲得自由，但是透過覺察，她必須去發掘出原因。正是這樣的發現、這樣的真相，在發揮創造力。在這份自我認識而來的發現裡，將會出現正確的思維。而透過正確的思維，渴求將消融殆盡，免於渴求的自由就是美德。當你的心朝著那永恆接近，一切欲望將隨之熄滅。

58 抵達遠方，就從你開始

ＧＨ是一名大學教授，和他的朋友一同來訪。他們談論著戰爭及其改革上的好處，還有它如何改變了世界，當然，指的是好的改變。談到世上的災難時，他們的口氣似乎帶著某種慶祝意味，因為它能保證為他們帶來一個更快樂的世界。他們興奮地彼此交談，你來我往，一問一答，互相鼓勵。接著，那位教授轉身向我解釋，說他們是因為一位朋友的堅持才來到這裡，雖然他在上一場戰爭期間一直是個和平主義者，但這一場戰爭不同，需要截然不同的態度與行動。這一次，殺敵是出於正當理由，因為敵人殘暴無比，如果不鎮壓他們，將造成數個世紀的野蠻時代。這一次，歐洲必須剷除這些恐怖情事。雖然他曾經呼籲採取和平手段，但現在他完全贊成徹底殲滅敵人。他的語調流露出一種狂熱，手勢間散發出殘酷的氣息，而且喜愛使用學者的口吻。

當我們陷入沉默時，他問道：「消滅敵人難道不對嗎？即使是《薄伽梵歌》也如此呼籲。這場戰爭師出有理，因為敵人很邪惡。」

先生，你來這裡是為了什麼？我如此問道。你對那些你所謂的敵人顯得態度相當明確，那麼能否請問你，你為何而來？是因為你想花一小時來辯論，還是因為你對自己的態度其實並不完全確定？如果你只是想討論，那是完全無益的，但如果我們希望的是釐清自己的態度，那又是另一回事了。

他說他不是來浪費我的時間，進行無意義的討論，但或許談一談這件事，他的觀點會有所調整。

如果我們為了戰勝邪惡而採取邪惡的手段，那麼自己也會變成邪惡的，促使邪惡永續不斷。以錯誤對抗錯誤，意謂著賦予那錯誤的力量，因此，必須以正確的手段戰勝邪惡，也就是那錯誤的。正確的手段本身即能創造正確的結果。不管在任何時候，殺戮都是錯的，不是嗎？不殺，是一個絕對的、最終的價值，或者只是一個可以根據環境變化而調整、更改的價值？它應該被視為一種奠基於短暫滿足、愉悅或恐懼的感官價值嗎？它是否沒有任何恆久不變、屬於本質上的價值，因而製造出邪惡與迷惘？

如果有一種價值是不斷改變的，那麼它就不再是一種價值，感官價值便是永遠處於流動狀態，因此任何建構在那些價值之上的結果都無法長久，因而滋長了許多迷惑與錯誤。你不能一下子反對殺戮，一下子又決定要殺戮，那麼你那毫無價值標準的行為，將會製造出無知與憂傷。

殺或不殺是取決於理由、意識形態或原則嗎？我們的那些理由，其價值難道不是透過我們的激情、立即的需要與恐懼、制約而形成的嗎？理由本身就是不可靠的、矛盾的，不是嗎？在頭腦的事物裡，可能有任何恆久不變的價值嗎？當你的頭腦受到原則的引導，它就變成一己創造物的奴隸，這樣的奴隸狀態裡沒有平靜，也毫無富含創造力的了解與喜悅。

理由很棒，但它必須超越自己。它必須靜下來，去認識愛，愛是沒有價值的。當愛存在，所有的暴力都會停止，在沒有價值的情況下，理由是無限的。在它之中，既沒有敵人也沒有朋友，但是它會帶來屬於自己的秩序與清晰。它即是自身的永恆。

那位教授說：「你是在要求一件不可能的事。」

正因如此，你會經歷戰爭、爭鬥與不幸。這不是不可能，你已經讓最醜惡的事變為可能，那就是這場大屠殺。如果你也能將全副身心交付給另一件事，也就是你稱之為不可能的事，一如你投入戰爭那般全心全意，那麼你會發現，透過善念與愛，縱使極度複雜的問題也能獲得解決。

他問道：「那麼，你認為每一個人都有能力進行這種巨大的轉化嗎？」

你所謂的每一個人是誰呢？你和我，那是當然的。如果你投入全部的意念與心靈，你還會認為自己無法促使自己轉化嗎？比起努力想要他人做出根本上的改變，你心中應該對轉化自己這件事更加確定，不是嗎？你可以讓自己的房子保持乾淨，而非掛慮別人家的房子。在轉化自己的過程中，你將會影響他人，因為你就是他人。要抵達遠方，必須從近處開始，而你就是那最近的。

有好一段時間，我們只是很安靜地坐著不動，沒有說話。

59
重新教育父母

ＨＳ是一名年輕男子，他說他有兩個孩子，想要談一談教養孩子的方式。他對當前的教育系統感到極度不滿意，即便是有優秀的現代學校，他也無法負擔得起孩子的學費。他的妻子也想要以正確的方式教養他們。

當一大群孩子都在一起接受教育，教育水準便不可能很高。它無可避免地必須趨向於將思想、意見與行為標準化，那也是較為強勢的政府所要求的。公民成為國家機器裡的一個小齒輪，製造出種種駭人聽聞的結果。當國家與有組織的宗教聯手起來，家庭遂成為兒童教育裡的一個更重要因素，但是家庭卻尚未準備好去承擔這個責任。有些父母也許可以，但他們不僅必須對抗公眾意見、電台、報紙、電影院等的影響力，還要應付他們自己的親子關係。因此，除非父母的覺察力與能力都極高，否則孩子的機會渺茫。

因此，問題不是如何教養孩子，而是如何重新教育父母。他們必須自動自發地去意識到或覺察到自己與這世界的關係，以及他們個人的思想與行動，覺察到他們如何投入自己的思想與行動，去創造出一個充滿爭鬥、迷惑與對立的世界，又是如何透過一己的貪欲、惡念與無知，帶來巨大的不幸與痛苦。

他解釋說他願意，甚至會努力打破生活裡的種種愚昧，但是他的妻子卻不願意幫他——不是他喜歡抱怨，他又加了這麼一句。他繼續說，一個人或許願意堅持走下去，衝破日常的許多障礙，但是各種責任卻會阻礙一個人踏上這條漫長的旅程。他說，他的妻子可能也會說出同樣的話。要打破這世界的枷鎖談何容易，因為他自己也想得到一些屬於這世界的東西。

我們都走在一條漫長的旅途上，也都擔負著各種責任。有人可能會走得比其他人快很多。他該對誰負責呢？對落後他的人，還是對他旅途前方的目標？如果他真的對那永恆的負責，那麼在那樣的找尋、那樣的旅途當中，「我」與「我的」所帶來的分別會開始被打破，於是更多的愛、更深的了解、更深刻的溫柔與寬恕將會出現。然而，存在就是爭鬥，不到旅途結束，痛苦不會終止。當一個人抵達終點，那無限的與狂喜會出現，那是一種從欲望解脫的自由。

但是，他又問，於此同時，他該怎麼做？

沒有什麼「過渡期」：他的妻子、孩子的教育、他的謀生之道、他個人的思想感受等等，這些全是他旅途上的負擔。他沒辦法消滅它們，就像他沒辦法消滅自己的思想感受那樣。他必須理解它們，因為它們是他自己的一部分。了解他自己之後，他就能夠了解它們。沒有自我認識，就沒有了解。要想教育他人，必須先重新教育自己，而這是一項艱鉅的任務。透過自我覺察，一個人便能發現那無限的，其他的一切都是迷惑與爭鬥。一個人必須在短暫無常裡、在有限的時間裡，追尋那恆常的、那無限的。

「我來這裡是為了找出教育孩子的方法，你卻給了我一個更大的問題。」他這麼說。

了解較大的問題之後，較小的問題將會自動平息。

60

避免二元對立

ＳＪ說，雖然他已經靜心冥想許多年，卻依然原地打轉。或許，他可以保持專注幾分鐘的時間，但是最近，甚至連這都無關緊要了。他說他今年夏天曾聽我解釋過關於靜心的事，我們可否談一談？

了解觀察者與被觀察者的過程非常重要，不是嗎？它們不是一個結合在一起的現象嗎？若不了解觀察者——或說付出注意力的人，那麼那個被觀察者，也就是你專注其上的對象，必定會製造出二元對立，在二元對立裡面是沒有希望的。

他難道不曾發現，靜心裡那個製造形象又執著於該形象的人——那個構思他一己構想的人？正是這個創造者與他的創造物，必須被徹底了解與超越。若不了解這個製造者、這個構思者、創造者，靜心只不過是在強化那個建構者，亦即自我。

心靈的靜心就是了解，而沒有自我認識就沒有了解。如果你不了解自己，你的念頭、動機、意圖與直覺，那麼你思想感受的基礎在哪裡？如果你不了解自己，你如何知道自己的思想感受是真是假？如果沒有自我認識，你還能有什麼樣的認識？你是一切生命的焦點，是一切的開始與結束，你就是整個存在，要了解這複雜的生命，除了從你自己開始，還能從哪裡開始呢？了解自己這件事本身就是它的報償，智慧就是在發現真理、發現自己的過程中累積的。對每一個思想感受的持續覺察，將會流入一個深邃、寂靜的靜心深淵。這樣的流動，這個成熟、綻放的過程，會在思想感受譴責或接受、辯護或否認，或是出現認同時戛然停止。認同會養成欠缺思考與憂傷。藉由持續的覺察，一個人便是在對所有的思想感受與行動，以及所有的價值進行無選擇的重新教育。若是沒有這種無選擇的重新教育，思想感受便無法進入更深刻的靜心境界。

思想必須攀爬道德的梯子，而那些階梯必定會在一次次的使用中磨損。要對每一步保持覺知，而不是顧慮道德、顧慮美德。從渴求中解脫就是美德，這份渴求主要是透過感官刺激、世俗事務、個人不朽，以及名利、權力、奧祕或奇蹟等呈現出來。要讓思想從渴求中解脫，它必須坦白、誠實。它必須認識慈悲與愛，而當執著與恐懼存在的時候，是沒有愛的。一個人必須擁有簡單的生活、正確的謀生之道，並能免除各種令人分心的娛樂消遣與上癮症等等。當思想攀爬這座梯子時，它會進入一個記憶的領域。我們多數的思考與感覺都是不完整的，都不曾從頭到尾被徹底思考、感受過，其中沒有完滿，然而但凡不完整的、未完成的，都會延續下去，正是這樣的延續被時間所束縛。凡是有所延續的，皆無法了解那無時間性的，那永恆的。

透過持續的覺察與它在清醒時刻裡提升的強度，意識的諸多層次將會產生內容、產生潛在的了解。如此一來，夢會變得更稀少，它們的詮釋也會變得更廣、更單純。隨著意識的各個層次顯露出來，從而被穿透，睡眠狀態會變得和清醒狀態一樣重要。那麼，清醒時刻的覺察會流入睡眠時刻的覺察裡，睡眠時刻的覺察也會流入白天的覺察裡。

因此，透過自我覺察，自我認識將會成熟、綻放，從而生起正確的思維。正確的思維就是靜心的基礎。沒有自我認識，就不會有靜心，而沒有靜心的覺察，就不會有自我認識。當思想感受趨向寂止、變得諱莫難測，當它成為蘊含創造力的空，當觀察者與被觀察者完全停息的時候，那無以名狀、深不可測之境就會出現。

「我非常認真傾聽，我想我可以了解。我一直在修習專注，但我注意到你從來沒提過專注。可否請你稍微談一談這件事呢？」他說。

對多數人來說，專注包含了將注意帶到某件事物上：例如工作、培養美德、某個象徵、形象等等——其中包括了那個專注的人與專注的對象。它包含了二元過程的持續運作，亦即「我」與「非我」，其中會有摩擦、緊張與對抗。思考者與思想是有所分別的，思考者要塑造他的思想，而觀察者要研究、檢視那被觀察的對象。因此，它永遠伴隨著二元對立的衝突，而專注就是讓這道分別的鴻溝更加擴大，就是瓦解、分裂，就是發展局部，逐漸遠離整體與真實。

思考者與他的思想是分開的嗎？它們難道不是一個結合的現象？當思考者試圖建構他的思想，試圖在不了解自己、不了解那個思考者的情況下，將它塑造成某個模式，思想就會導致幻相。在不了解思考者的情況下專注於思想，永遠無法讓你了解那真實的。若不了解那個思考者，結果就是無知與憂傷。要想了解思考者，就必須研究他的思想，這不是為了思想本身，而是為了發掘那位思考者是誰。藉由對每一個思想感受保持覺察，它的創造者——源頭將會揭曉。那麼，創造者與被造者將成為一體，這樣的專注便不再是專注於什麼對象之上，因為那只會製造幻相，它只是專注本身。思考者不再創造，而是完整的，是全然的寂止。這個完整的寂止，即是「存在」（being），它是無時間性的、永恆的。

61 直覺與制約的衝突

ＫＪ想要知道為何從她人生的某個時期開始，她便一直受到內在聲音的指引。多年來，這個聲音完全改變並塑造了她的生命軌跡，這個聲音告訴她前來見我。她的一切思想與行動變得完全依賴這個聲音，她對它唯命是從。這個聲音告訴她，在她見過我之後，它就會停止出現。來過這裡，而現在，那個聲音沉寂下來了。那個聲音是什麼？它是真實的嗎？它是某種附身在她身上的高靈嗎？為什麼她身上會有這種二元現象？

這種二元現象幾乎每一個人都有，不是嗎？他們或許會採取不同名詞、不同標籤，例如更高層次或更低層次的自我、好的與壞的、真的與假的等等，但是就本質上而言，那都是反面的衝突。這種衝突會以不同形式出現，製造出不同的特性與傾向，例如：直覺與制約之間的衝突，先天與後天之間的衝突，內在與外在之間的衝突等等。這種衝突是痛苦不堪的、分裂的，必須獲得解決，否則不會有平靜，也不會有蘊含創造力的快樂。人的內在會根據危機的不同強度，而透過夢境、警告、聲音等來給予暗示，這三個皆是出自我們自己。我們就是對立面：我們既是外在也是內在，既是制約也是直覺，以此類推。**我們很喜歡欺騙自己，讓自己認為那個聲音是來自高靈。這是在奉承自己，賦予我們自己重要性，但最主要的衝突問題依然存在。**我們必須關心這件事，而非一味執著任何令人獲得短暫滿足的幻相。這其中不可有任何依賴，因為那會滋長恐懼，使人缺乏真正的自信，真正的自信並非侵略性或爭強好勝的野心。

如果我們能有一些警覺，大多數人都能覺察到醜陋與美好的不同。我們「直覺地」知道，「某種東西」告訴我們事情是如此，但是「制約」與外在世界太過喧囂與強勢，於是我們退讓了。那外在的，也就是制約，是我們透過貪慾、惡念與無知創造出來的，我們也同樣創造了那內在的，也就是直覺。我們既是思考者也是思想，喜歡與其中一方認同，然後否認另一方。這樣的認同與否認阻礙了我們了解衝突。我們必須了解思考者及其思想的複雜結構，他們是分開的嗎？藉著探究思想，思考者不會因而揭曉嗎？這個複雜的結構不是包含了思考者及其思想兩者嗎？缺了一個，另一個就不存在。這整個結構就是自我，就是思考者與其思想，就是較高與較低的自我，那無數的分別與再分別。自我是過去與現在的渴求集合而成的結果，只要自我存在，便一定有二元對立，有「我」和「非我」，對立面的衝突。這份渴求會以許多包括精微與粗糙的形式出現：感官刺激、世俗心或成功，以及個人的延續等等。

藉由徹底覺察每一個思想、感受，渴求及其永遠燃燒不熄的衝突將會走向終點。認同，無論是認可或否認，都會阻礙思想感受的完整與完成。唯有在思想感受變得完整的狀態下，免於渴求的自由才能存在。也唯有到那時候，喜悅與平靜才會存在。

62

在覺察與分心之間

ＫＬ對他的軟弱處境感到悲嘆，他說他無法堅守自己保持覺察的目標，他會保持覺察一段時間，然後容許自己分心、散亂。他對自己感到厭惡，他說，因為這種狀況已經持續好一陣子了。每當他變得覺察，他便知道自己將會經歷一段分心的、破碎的時間。他一定是什麼地方有缺陷，他難過地加了這麼一句。

這種持續的擴張與收縮，整合與破碎，完全是一種浪費，會讓心靈變得不敏感。努力之後接著散亂，會削弱持續了解的結構，而且在這浪費的過程裡，心的必要柔軟度也會喪失。如同那些尋找一個又一個刺激、一個又一個短暫滿足、一個又一個所謂靈性亢奮的人，也將會喪失他們柔軟的靈活度，造成持續的衝突，引起令人疲乏的遲鈍感與困惑，這一點他很清楚。這會鈍化領悟力與了解能力。

覺察不是一種需要養成的習慣，它會在你了解導致心靈遲鈍與無知的原因時出現。**習慣只會賦予欠缺思考一種延續性**，而光是下定決心要覺察並無太大價值。如同你若吃錯食物就無法健康，若你的心充塞著愚蠢的思想，也不會有任何智慧可言。在了解並消除這些狹隘的、愚蠢的思想感受之後，敏銳的智慧才會被喚醒。透過探究並觀察他的分心因素，透過覺察，他將會發現那些事物開始失去吸引力，這並非透過排除或否認的過程而發生，而是透過了解。了解本身就是心的報償。**依賴另一個人或環境提供刺激來讓自己變得覺察，很快會失去效用**，因為覺察並非藉由任何外在條件或刺激生起的，而是藉由被喚醒的興趣而生起。

他說他在覺察時會產生熱切的興趣，但它經常會衰退。

在這些心靈遲滯、散亂的階段，智慧必須被喚醒。多數人都活在放任裡，任由自己的心起起落落。當一個人站在高處，他能保有清晰的視野與秩序，只有當一個人跌落深谷，才會有迷惑與爭鬥，而就是在這樣的深谷裡，覺察必須存在，這能帶來了解與自由。逃離深谷就是增添分心因素，但是若能觀察並發現這座深谷、這個谷底狀態與迷惑形成的原因，就能帶來高處的清晰視野。如果你譴責深谷，或希望為自己擺脫谷底狀態，你將無法發現任何東西。認同會滋長困惑與憂傷。只有透過無選擇的覺察，才能培養出了解。

漠不關心，不冷也不熱，這就是散亂的代價。

63 渴求有結束的一天嗎？

L與M是一對新婚夫妻，先生L說自己的妻子過度喜愛世俗事物。他自己倒不會為那些東西煩惱，但卻無法說服妻子不要受到它們的拖累。妻子M解釋說她不覺得那些財物有什麼錯，它們讓她感到快樂。當然，快樂並沒有錯，不是嗎？

心會成為它的所有物。如果我們利用東西、家具、房子來讓自己快樂，讓自己依賴它們獲得快樂，那些東西、家具、房子等很快會變成我們的一部分。那麼，我們「就是」那些所有物。家具、房子、東西等等，有什麼深刻的意義呢？微乎其微，不是嗎？當微小的價值填滿我們的心，我們的心就會變得狹隘、小器、膚淺。有些人以東西填滿心靈，有些人以人際關係，而有些人用的是道理、想法、信念、理論等等。**每個人都用某些東西裝滿自己的心，因此心靈從來不曾自由地如其所是。**一個杯子因為是空，所以有用。一個滿載的心靈必然是膚淺的、表面化的，沒有空間容納創造性的存在，也沒有發現的自由。這種心靈的滿載現象本身會滋生出貧乏。每個人在覺察到自己表面或內在的貧乏時，會試圖讓它們變得更豐富，利用東西，利用關係及關係裡的各種活動，或者道理、原則、意識形態等等來填滿它。你愈是想要填滿這份貧乏、空虛，就變得愈膚淺、愈淺薄，心靈也就變得愈無用。一個破掉的容器能裝滿東西嗎？

「但是，」她難過地說，「若一個人夢想擁有一間不錯的小房子，不用太大，一間屬於自己的房子，而且從小就有這樣的夢想時，也必須放棄這個夢想嗎？」

如果你在缺乏了解的情況下放棄，你那膚淺、表面化的心，會讓自己填滿別的事物，因而繼續停留在遲鈍、封閉的狀態。你害怕拋開夢想，因為它所占據的位置會留下什麼呢？痛苦的空虛感或害怕空虛的恐懼感。然而，如果你能不帶焦慮地觀察那份空虛、貧乏，那麼，有一種無限的豐富會從中生起。**是對未知的恐懼讓我們執著於已知，而那些已知的，很快會化為灰燼**。假如你的夢想獲得滿足了，然後呢？你的心會尋求更多的滿足，而滿足、渴求有結束的一天嗎？你愈是屈從於它，它就要求得愈多，它像一個孩子般不斷成長，然而它帶來的卻是無知與痛苦。不要問自己是否必須放棄，而是去想想你所付出的代價。貪婪會滋長敵意與惡念、衝突與對立、戰爭與殘酷。

物質財物、人際關係與知識裡的快樂都是短暫的。凡是轉瞬即逝的，都將帶來憂傷，唯有發現那無始無終的，才有不滅的狂喜。

64

侵略性是男人的天性？

MN說他發現自己在關係、想法與活動裡都展現出侵略性，而且幾近暴力。他努力壓抑，它卻以各種不同的形式一再冒出來。侵略性是一個男人的天性，從生物學或其他角度來說都是如此，不是嗎？他是不是在對抗某種男人與生俱來的本性？

任何一種侵略性都不可避免地會導致爭鬥、野蠻與痛苦。我們在自己的人我關係裡，在自己的世界裡都能看見這一點。侵略性與服從是一個錢幣的兩面。對權力、對掌控的欲望，會帶來衝突、迷惑、戰爭與無數的不幸。對個人來說是如此，對群體、國家來說亦復如是。這一切都十分顯而易見。我們已然隱約察覺到它所帶來的痛苦和每個人為它付出的代價，卻依然故我，繼續展現侵略性、繼續操控，或服從，或追求權力。想要侵略、掌控或許是一個人的天性，但是在明白它帶來的可怕結果之後，難道他不該放棄它，重新教育自己，讓自己變得溫和、具有慈悲心嗎？在明白了侵略性所帶來的災難與悲慘之後，難道他不該連根拔除那些滋長暴力、惡念與無知的根源嗎？侵略性與掌控欲會帶來愚蠢、邪惡的活動，這裡頭沒有任何平靜和啟發創造力的快樂。

想要成為什麼的欲望就是具有侵略性的，侵略性的本質就是使人盲目、無法理解、使人變得異常，而這會導致痛苦。想要成為什麼的欲望是愚蠢至極的，若無法覺察到這種欲望所呈現的多樣化形式，從而超越它，就會持續做出無知與令人悔恨的行為。想要成為什麼的欲望會滋長衝突、惡念與嫉妒的心態，不是嗎？侵略性會造成不明智的行動，不是嗎？因此，我們自以為是正向的行動，其實是愚蠢的行動。欲望不是爭鬥、惡念與嫉妒的溫床嗎？侵略性不是會導致不明智的行為嗎？侵略性是無法減緩的，唯有透過「負向理解」（negative comprehension），才能擺脫它。我們認為是正向、強勢、侵略性的思想感受，其實會造成我們在關係及其各種活動裡的混亂與困惑，因此，這種所謂正面的思想感受，只會帶來不幸與痛苦。現在，**你必須覺察到侵略性，覺察到想要成為什麼的欲望**，留意它的各個面向。**要了解侵略性的過程，同時不產生尋找替代品或想要克服它的欲望。**觀察並檢視它在日常生活裡發揮的各種影響力。如果你以智慧去了解「想要成為什麼」與「掌控」欲望背後的種種含義（如果你不保持無選擇的覺察，就無法了解），那麼「負向理解」就會出現。負向理解是思想的頂峰。

「那麼」，他問，「侵略性並不是一件立即要克服的事，而是要探究它、漸漸地消融它，是嗎？」

現在，你為什麼會問這個問題？背後的動機是什麼？是受到想要「享受」具有侵略性的感覺這種欲望的驅使，延緩這最終必須放棄的「享受」嗎？當然，它不是時間的問題，不是延緩的問題。如果你中毒了，陷入險境，你不會拖拖拉拉地尋找解藥。再次重申，想要對侵略性及其影響保持覺察這種強烈的意圖才是最重要的，而非它漸進的消融方式。如果你種下覺察的種子，主動去理解它的必要性，覺察自然會開花結果，但這並不表示你在播種之後就可以忽略它。覺察的種子必須穿透意識的眾多層次，讓整個人都能了解想要成為什麼、想要掌控、渴望擁有權力的意涵。當這份欲望透過意識的所有層次獲得深刻的理解，進而超越時，平靜就會出現。

65 誰是思考者？

NO解釋說多年來他一直在研究心理學與許多宗教聖典，也從事靜心冥想。他發現自己變得愈來愈迷惑，並且依照我的提議在檢視自己創作的一幅畫，也就是這幅由貪婪、權力與優越感構成的圖畫——這一幅複雜無比、充滿矛盾的畫。他努力想要改變它，賦予它不同的深度和韻律，但是不知怎麼，他發現自己變得比以往任何時候都更加困惑，身體也受影響。多年來，他的腳步不斷在前進，他希望能釐清一些事情。

我靜靜聽著他說完，沒有打斷他，接著兩人都沉默了好一陣子。他頭腦的運作是清楚的，也覺察到了自己的掙扎。

在他試圖改變這幅畫之前，不需要先了解那位畫家是誰嗎？他關心的是這幅畫如何修改、潤色，而非畫家，不是嗎？畫作會透露出關於畫家的事，不是嗎？我們不是透過畫作發現畫家的嗎？畫作與畫家是不同的嗎？畫作與畫家不是一樣的嗎？若不了解畫家是誰，要如何蛻變這幅畫呢？

「但是，」他回答，「那就是我一直努力在做的。」

我說，他一直努力想要改變那幅畫，他關心畫作更甚於畫家。如果他關心的是畫家，他的困惑就不會生起。在困惑的狀態下，他試圖解決這個困惑本身，而非製造困惑的人。

他看起來很迷惘、憂心忡忡，使勁地想要了解。

因此我說：想想我說過的話，但不要讓自己認同於它。看著它，就像你在看那座山那樣，態度溫和而冷靜。

他回答說這是他的困難之一，很難做到不認同、不評斷。

如果你想了解另一個人，就必須放下所有的偏見、意見與既定的結論。同樣地，不帶評斷地傾聽我在說什麼，不代表你就必須接受它。只要靜靜地傾聽，不必同意也不必否認。要想改變思想，就必須探究、了解那位思考者是誰。思想會指出思考者是誰，思想會帶領我們找到思考者。你的行動就是你，你和你的行動是不可分的。思考者與他的思想是一體的。若不了解思考者，你只會在思想裡製造更多困惑、更多衝突。你必須從外在走向內在。指標的作用只是指示，多浪費一秒在它身上都是愚蠢的，要繼續走向它所指示的東西。你已經將時間都花在產品上，而非生產者上了。了解生產者之後，你才能改變產品，而非反其道而行。

他又重蹈覆轍，將它用在自己身上，反過來責備自己、妄下評斷。

要帶著一顆安靜的心傾聽，好好體會我說過的話，才能發現事情的真相。莫要光是將它理智化，那完全沒有價值，要靜止下來，才能發現真相。若不耕耘土地就無法發現什麼東西，但由於你一直在耕耘，變得很迷惑，不如靜止下來，默默觀察。這是件多麼困難的事啊！你的心無法靜靜去觀察、發現。它不斷高速前進，噪音充斥著整個心靈，沒有一個角落不是擁擠不堪的。要了解這部機器，而不是它所製造的噪音。

缺乏自我認識，所有的行動都將造成迷惑與無知。若缺乏自我認識，就會有爭鬥與憂傷。若無自我認識，便無正確的思維，而若無正確的思維，便無發現真理的基礎。

思考者與他的思想必須結束，那永恆的才能夠存在。

66 依賴會摧毀愛？

O和P是一對母女。她們說自己很痛苦、很困惑，完全依賴著彼此。女兒解釋說她對母親的想法與做法亦步亦趨，從不試圖反對，一概接受，而現在既然母親感到困惑、不知所措，她當然也是一樣。她們該如何走出這個迷惑的困局呢？

她們談到了自己的生活與掙扎，確實相當困惑。

清楚地思考並感受我們日常生活的存在是必要的，不是嗎？如果不這麼做，如何能了解那更宏大的、更簡單的呢？我們的生活受到種種難題的圍困，我們會聽到許多矛盾與令人迷惑的事。如果依賴它們，會變得像一片東飄西蕩的葉子，變成環境的玩物。要藉著徹底思考與體會來理清現狀，是一件很困難的事。**沒有人會幫助我們，相反地，他們還會阻礙我們，因為能清楚思考、體會的人是令人不安的。**我們自己也不想受到擾亂。

沒錯，那位女兒說，那就是她為何要盲目追隨母親、不經思考的原因。

欠缺思考會導致困惑與痛苦，不是嗎？深入思考是必要的，但不必去擔心欠缺思考的後果。要深入思考，就要對遭遇的問題進行廣泛而深入的考量，**不要選邊站，而是盡可能探究它**，找出自己是否有任何動機、意向、模式或意見，在阻礙自己發揮全力廣泛而深入地思考，細細體會這點，你將能帶來秩序與清晰。

「請針對殺生這件事，幫助我們思考。我們曾經放棄吃肉，現在又開始吃肉。我們過去反對戰爭，現在似乎贊成戰爭。」

要清楚地思考、感受，必須對自己非常誠實，不能隱瞞自己任何事。不可以有任何的浮誇。既然你對自己的想法十分誠實，這就是個正確的開始。我們殺動物來吃，多半是因為受制於傳統，傳統如此命令，我們就照做。你或許也喜歡吃肉，但那也是後來養成的。你已經習慣了這件事，於是便有此需求。你的宗教與社會容忍它，你的口腹之欲也歡迎它。但是對一個接受不同教養方式長大的人而言，肉是令人厭惡的。殺死動物意謂著殘酷，如果養成了殘酷的習性，下一步就是對人類殘酷，就是去殺人。如果你承認了一種形式的殘酷，你將會同意或合理化其他形式的殘酷。你可能會說我們必須活下去，要活下去就必須以某種形式殺生。但是，若能培養「不殘酷」的習性，就會找到答案，我們將不會為了口腹之欲或健康的理由而殺生。蔬菜、牛奶或其他食物就含有必要的營養素。

殘酷是最核心的問題，殘酷會鈍化心靈，使人變得不敏感。它會滋長仇恨和愚蠢。它踐踏了愛與溫柔，而那是生命中唯一真正具有淨化能力的元素。倘若你能了解殘酷這個問題，便不會在放棄吃肉一段時間之後又恢復吃肉，只因為你自己的想像或醫生告訴你要為健康著想。

再者，你會在任何情況下合理化殺人行為嗎？殺人會被視為謀殺，會受到法律的懲罰。然而，為了——你的國家、你的國王、你的意識形態、你的神——而殺卻是一種榮譽。殺死你的兄弟這件事，是否在某一段時間裡是錯的、邪惡的，另一段時間又是對的、榮譽的呢？殺戮在任何時候都是邪惡的、不義的，不是嗎？目的能合理化手段嗎？你難道不需要使用正確的手段去達成正確的目的嗎？大屠殺與戰爭，是創造一個祥和快樂的世界的正確手段嗎？如果你和我是好朋友，並且心存善念，我們會侮辱彼此、欺騙彼此、壓迫彼此、剝削彼此嗎？如果我們要當朋友，會消除所有滋長彼此敵意的因素。善意與慈悲是必要的，而不是炸彈和噴火器。然而，我們使用了可怕的毀滅性武器，卻希望以此為人類帶來秩序、和平與幸福快樂。這些是正確的手段，還是愛、慈悲和善意呢？有任何形式的暴力能為和平開路嗎？

莫要受到宣傳活動、智識份子的精明、大眾的無知和意見所恫赫，要自己去徹底思考、細細體會，弄清楚正確的手段是否應該被用來達成正確的目的。莫要落入種種假設、理論與所謂的事實的陷阱裡。要細細體會，而非賣弄聰明；要徹底思考，而非流於膚淺。

雖然我們擁有不同的膚色、風俗與神祇，但我們是一體的。如果你殘酷、貪婪、嫉妒、充滿色慾，你也會影響整體。如果你溫和、慷慨、寬恕他人、懷抱慈悲心，你也會帶來秩序與和平。你是什麼，世界就是什麼。莫要因為你自覺不傑出、沒有權勢，而什麼都沒辦法做。如果你很傑出又有權勢，你會帶來痛苦與危害。擁有轉化能力的，是謙遜而非權力。能帶來秩序與清晰的，是愛，而不是渴求。

接受權威將導致迷惑與痛苦。**權威會滋長恐懼，恐懼帶來依賴，依賴將摧毀愛。**

67

遠離殘酷的戰爭遊戲環境

PR說他想談談環境對人的影響，他解釋道，自己有兩個孩子，他們透過電影、報紙、收音機、學校等學會了仇恨與殺戮的語言。他們玩的玩具是機關槍與坦克，他們玩的遊戲是戰爭遊戲。他們夫妻會和孩子談論慈愛與責任的道理，想要藉此反制這種現象。人類不是環境的產物嗎？為了創造一個快樂、健全的世界，環境難道不該改變？

可能反制邪惡嗎？或者邪惡該被了解，然後根除呢？惡能夠被善抵消嗎？那些關於仇恨與殺戮的字彙，那些戰爭遊戲和它們的術語，不會沉澱至意識的隱蔽層次嗎？它們在那兒扎根了，是否能透過引進慈愛與責任的根源而將它們連根拔除呢？慈愛與仇恨的根埋在一起，彼此競爭，依據環境做出反應。當人們受到徵召去戰鬥，那些儲藏在他們意識深層的童年遊戲，以及對戰爭、仇恨與興奮心情的烙印，便會有所回應，也以此回應其他逃避的因素。意識的每一個層次都會根據其內容來做出回應。它們在童年學到的，已深深嵌入意識的某一個層次裡，會在受到吸引的時候起反應。另一個層次裡的慈愛與責任，可能可以覆蓋它，但是仇恨與戰爭遊戲等的層次依然存在。那是無法抵消的，必須被連根拔除，或者從未被引進意識之中。要想根除，需要的是有意識的了解與深刻的覺察。不要受到這樣的污染是最好的。

「但是，」這位父親回答道，「和孩子談論戰爭的愚蠢與殘酷，會讓他們變成怪胎。他們會與其他孩子格格不入，會遭到排擠。」

如果你不願意付錢送他們去一個不容許戰爭及其種種遊戲的學校，或不願意承擔讓他們變成怪胎的風險，那麼你等於是在準備並且煽動下一場戰爭。這件事無法模稜兩可：或者你想要可怕的戰爭災難，或者你不想，二選一。如果你不想，就必須願意全心全意教育他們帶著慈悲與包容的心過生活，不存有競爭與貪婪之心，而不是教育他們去赴死、去殺戮。

人的目的是什麼？目的將決定環境的功能與必要性有多高。如果人的目的是讓自己變成一個溫馴、社會性的、行為舉止良好的生命體，一個「好的」的世界公民，讓自己順從於一個模式等等，那麼「正確」的環境會是必要的，它就是由權威人士與專家建構而成的，人只不過是這部完美機器裡的一個小齒輪。他會對它感到滿足嗎？或者有一個終將摧毀這部完美機器的重大因素會發揮作用呢？

直到我們發現人的真正目的之前，環境都必須居於次要地位，因為目的將會塑造手段。人的目的是找到那永恆的、真實的、成為發揮無限創造力的人，因為若沒有了這些，成為「好的」人、不會反社會的公民，純粹只是一種方便，一種功利主義的體現。那些本身可供利用的，是沒有意義的。一部機器之所以有用並非在於它本身，而是它被使用的功能。環境能被用來塑造人嗎？他會被塑造成什麼呢？如果人被塑造成一個「好」的公民，擁有好公民的一切特質，那麼該目的便不是終極的，只是立即的需求，立即的需求是沒有意義的。

立即的需求與過去有關，而過去本身便受到它前進的方向所制約。缺乏一個目的的立即需求是沒有價值的，而若是那個目的是由人編造的，它也不會是永恆的，因為人總是在尋找那些對他有用的東西，而那些有用的東西並不是永恆的。他將會陷入生死與存在的泥沼裡。

存在本身並非其目的，它是一個達到目的的手段。這個目的能由人去發現、塑造嗎？如果它是人塑造的，便不是真實的，因為人自己本身就不是目的，而是一種手段。手段包含了目的，但它不是目的。目的必須由每一個人自己去發現。要想發現它，就必須擁有自由，而非制約，無論是好的或壞的制約皆然。意識能調整自己適應任何制約，但是唯有在它是自由的時候，才能發現何謂真實。自由存在於最初之際，不只在於目的，不是嗎？制約對自由而言是必要的嗎？思想難道不該讓自己從制約當中解脫，獲得自由，以發現那真實的？制約這一因素就是環境，而那是自我所創造的，永遠都是自我在禁錮意識與感受思想。自我製造出束縛，以及生活於其中的環境，它難道不該自動停止製造束縛，讓自由存在？因為自由裡有真實。

自我的終結是它自身的強制、渴求或戒律的結果嗎？那種做法只能為它自己帶來一些改變與緩和。或者，是深度覺察、了解自我之根源的結果？這種覺察與了解是否必須依賴環境？環境可能會有幫助，但它卻不依賴那外在的。依賴外在的就是奴役那內在的思想感受。若受到奴役、依賴他者，思想感受會要求外在產生改變，也就是環境，因而永遠停留在封閉狀態，成為一名囚徒。有智慧的人在明白這一點之後，會對環境保持淡漠的態度，他不會依賴環境來獲得一己的自由、覺察與了解。他會在一開始就追求免於渴求的自由，因為無論以何種形式出現，渴求都會帶來無知與憂傷，這就是束縛的根源。透過感官刺激、世俗事務、個人名聲與永生不死所呈現的渴求，必須加以消融，但不是透過外在環境，而是透過自我覺察與認識，透過正確的思維與了解。在免於渴求的自由裡，才有永恆。

68

理想與遲鈍都是一種束縛

QR說，十年前他是個理想主義者，處於衝突、退縮、不自在的狀態，躲在自己的小殼內，充滿焦慮與恐懼，而現在他已步入中年，開始調整自己適應各種刺激，處於一種讓他得以活著的持續磨合狀態。他可能正在漸漸喪失敏感度，但是他現在不再害怕了，而且很可靠。處於這種狀態對他來說是件壞事嗎？

十年前的狀態，難道不比現在更有意義嗎？那時他是不滿足的，或許一直苦苦追尋卻一無所獲，儘管如此，他仍然在繼續追尋。他當時比現在更敏感、更警覺，不是嗎？難道敏感度與警覺度對發現那真實的來說不是最重要的嗎？一個人的頭腦與心靈難道不該是熱切的、奮發的、柔軟的嗎？摩擦，衝突，能讓心靈變得靈活柔軟嗎？若缺乏了解，衝突只會耗損心靈罷了，它或許能提供短暫的刺激，給人一種活著的感覺，但卻會鈍化心靈。所有的刺激終將讓心變得遲鈍、欠缺思考，製造出種種習慣。

這世界及其衝突——我們所製造的衝突，必須由我們自己去理解。演員和他的表演是不可分的，他們是一體的：表演會顯示出演員的種種。我們就是這個世界，這個世界是由我們所構成的。不了解自己，就會有恐懼、逃避，形成排外的理想主義保護殼，還會有困惑。若不了解自己，儘管衝突帶來的刺激很誘人，也會變成一種麻醉品，其中並無任何深刻的調適過程，只有為了權宜方便而達成的表面協議。依賴環境為心靈求得發展，等於是讓它變得遲鈍、膚淺、沒有價值。

我們的思想必須停止透過理想與遲鈍來逃避。這兩者都是束縛，它們只能藉由覺察其中的過程與阻礙的根源，而獲得超越。透過持續的覺察，便能認識自我的運作方式，而這樣的認識能滋養正確的思維。正確的思維是買不到的，它是經由愈來愈深廣的覺察而來。它是道德結構的基礎，是免於渴求的基礎。覺察之流將流向智慧那一座寧靜的深淵。

69

過於擁擠的心

RS說她夾在太多矛盾的欲望之間難以取捨，總是飄來蕩去，無所適從。她認為自己有能力靜靜地安定下來，但仍不太確定。她為生活的種種瑣碎之事與戰爭這一最大蠢事持續帶來的重擔，感到煩亂不安。她想要談談自己分心散亂的狀態。

她向我解釋自己的難題與考驗。我問：你的問題不是關於困惑嗎？你思緒散亂，飄到了遠方，因為缺乏秩序與清晰。你處於衝突之中，而這種無盡的衝突製造過程，讓你感到厭煩、瑣碎，不是嗎？

「是的，」她答道，「恐怕情況就是如此。」

若不了解衝突，它會演變為令人疲乏、困惑的。在你消除困惑之前，衝突只會帶來更多困惑。困惑之所以存在，是因為我們不知道如何帶來秩序。於是，我們的問題成了如何帶來秩序，而非如何消除困惑。帶來秩序之後，困惑將不再出現。也就是說，每一個衝突升起時，要重新評估你與它之間的關係，要去找出你對每一個衝突如何回應。探究你的回應比探究衝突事件本身更重要，因為這些回應將顯示出你做出正確價值判斷的能力。因此，覺察你的關係、你對每一個衝突的內在回應，包括無論多麼小的衝突，從而去重新發現你為每一場衝突賦予的價值。完整的價值判斷過程並非一蹴可幾，但是當你能夠觀察並且深深地覺察，你就會開始發現每一場衝突的完整意義，於是，你便能夠帶來秩序，走出困惑。

假設你有一個裝滿信件的抽屜，你可以藉由閱讀每一封信並找出你對它的反應，帶來秩序，你或者撕掉它，或者保留。如此，你會瀏覽所有的信件，保留一些，銷毀一些。一段時間之後，你再度檢視你所保留的信件，再度銷毀一些。那麼，抽屜就會多出空間，有了秩序。一個抽屜之所以有用，是因為它是空的。同理，心之所以「有用」，是因為其中有空間。它不是擁擠的、失序的。

可以的話，我想指出，你的心是過於擁擠的，沒有空間，也沒有任何寂止的品質，因此會有困惑、散亂與疲乏之感。唯有在你的心擁有一個既深且廣的寂靜空間時，它才會「有用」，因為唯有如此，無限的創造力才會出現。秩序會帶來空間，但你若無法對每一個衝突做出正確的價值判斷，就無法帶來秩序，衝突會再度發生，因而繼續停留在失序與困惑的狀態。如同你在寫一封信，寄出去之後，你的心便不再停留在那封信了，你對一場衝突做出正確的價值判斷之後，它便不會再回來。好比你在尚未完成一封信的時候，你的心會一再回到那封信，未完成的思想或一場錯誤評估或尚未完整評估的衝突，也會一再重複發生。正是這些未完成的思想，這些重複出現的記憶堵塞了我們的心，讓它變得模糊不清、擁擠不堪。不要試圖強行將它們趕出你的心靈，而是要在每一個未完成的思想感受生起，每一個重複的回憶湧現時去覺察、檢視、探究、了解，無論它有多麼微不足道或多麼愚蠢。如果你認同它，便會阻礙了這樣的了解過程。要保持無選擇的覺察，隨著你愈來愈能夠有效而深入地覺察，那個特定的思想感受會變得完整，那份記憶也會變得更開闊而具包容性，不再是特異的，而是普遍的。如此一來，透過持續而普遍的重新評估，心靈將獲得安寧，無上的智慧與蘊含創造力的空也將生起。

70 思考令人害怕？

ST解釋說他一直在閱讀一些我曾談過的內容，也一直在思考這些事，但他發現內心有個障礙、一塊石頭，他實在拿它沒辦法。他已經用頭猛撞這塊石頭一段時間了，卻依然無法粉碎它，也超越不了它。他感到很絕望，想要談談這件事，或許能找到方法打破這道自我封閉的牆垣。

他是個很認真的人，一個所謂的知識分子，內心的自負與自滿的定見，會在一些尷尬時刻不經意流露。他對此是不自覺的，但隨著繼續交談，他逐漸有所覺察，卻立刻想要藉由合理化來消除它們。他迫不及待想要得到結果，我指出，智慧並不存在於目的之中，而是在過程之中累積的。要累積智慧，一個人必須將目的也就是結果擱置一旁。**耐心是必要的，不能一味貪求結果**。被動的覺察，有助於幫助一個人找出構成這道自我封閉牆垣的原因。耐心並非一個必須培養的美德，但是若沒有它，了解會變得很困難。耐心不是一個最終要獲得的品質，而是必須在當下深刻體認。不合理化、不為沒耐心辯護，現在就靜靜地安定下來，去體驗何謂耐心。一旦一個人體驗到耐心的必要性，它將永遠深植於心。

了解那個思考者、行動或行為者、表演者是誰是必要的，不是嗎？因為他的思想、行為與演出，與他是無法分開來探討的。思考者即是他的思想；行動或行為者即是他的作為；演員即是他的演出。思想會透露出思考者是誰。思考者透過他的行為創造出好與壞，從而被它們所迷惑。思考者創造出他自己的痛苦、無知與爭鬥。畫家創造畫作，一幅透露出短暫快樂、憂傷與迷惑的畫作。他為何畫出這幅散發出痛苦的畫作呢？這是必須加以探究、了解並且消除的問題。為何思考者會有那樣的想法，從而衍生出他一切的行為？這些當然全都是他撞破頭想要粉碎的大石頭。如果思考者能夠超越自己，所有的衝突都將平息，而想要超越，他必須認識自己。那些已經獲得認識與了解的、已經完成與完整的，不會再重複發生。是這種重複發生給予思考者一種持續性。為何畫家會畫出這幅散發出痛苦氛圍的畫？有幾個主要原因，其中一個是習慣。

思考者透過習慣、重複、複製來思考他的念頭，這帶來了無知與憂傷。習慣難道不是不假思索的嗎？覺察帶來的是秩序，而不是習慣。固定的習性會造成欠缺思考。他為何會欠缺思考？因為思考是件痛苦的事，它會製造不安，引發反對意見，還可能改變一個人的行為走向，而那可能會和既有的模式產生衝突。深入思考、感受並保持覺察，可能會引導一個人走向未知的深淵，而心智是抗拒未知的。因此，人總是從已知走向已知，從一個習慣走向另一個習慣，從一個模式走向另一個模式。心智從不會為了發現未知而放棄已知。思考者在領悟到自己透過複製、習慣而導致的痛苦念頭之後，思考者遂變得欠缺思考。思考令人害怕，因此他創造出不假思索的模式。如果思考者害怕了，他的行動也將是充滿恐懼的。他會注意他的行動，試圖改變它們，他在害怕自己的創作，但是行為其實等同於行為者。因此，思考者其實是在害怕自己。思考者本身就是那份恐懼，就是無知與憂傷的根源。思考者或許可以將自己分成許多思想類別，但是那些思想就是思考者。思考者及其想要如何存在、成為什麼的努力，正是衝突與困惑的根源。思考者本身就是無知與憂傷。

「那麼，」他問道，「我該如何超越它，超越自己呢？」

先生，你的心不夠寧靜，以致無法體察這個問題，你甚至想要在尚未了解它之前就超越它。問題如果獲得正確且經過深思的解讀，它本身便包含了答案。恕我直言，這裡有不耐煩的現象，貪求結果並非答案所在。

如同我說過的，思考者就是無知本身，就是憂傷本身，就是恐懼本身。這對你來說有任何意義嗎，先生？顯然沒有，因為你只關心如何超越它。如果思考者自己就是無知的，他如何能超越自己？他必須停止一切作為。無知與仇恨不管在任何時候都無法變成開悟與愛。無知與憂傷必須停止存在。

「我該如何著手摧毀它們？」

再一次，你的心思全放在結果、成就，以及消除什麼以獲得什麼這樣的念頭上。現在，請注意聽，你尚未因為了解到以下這個事實而感到震驚：**思考者，也就是「你」，本身即是毒藥，無論他思想什麼、做什麼，也都是有毒的**。你為什麼感受不到這份了解帶來的衝擊呢？你要不是因為認為思考者，也就是「你」，不是毒藥，要不就是麻木無感了。你一直以來都同意思考者即是思想，它們是不可分的、一起存在的。如果你在見到一座山時不對它的美有所反應，你也了解到這一點，那麼這樣的了解會讓你感到震驚，不是嗎？同樣地，當你了解到思考者自己即是無知，而你卻不對這件事感到震驚，繼續做其他的事。那麼，你已經藉由你的種種理由、解釋、決定、結論等，讓自己變成「防震」的。你的理智已經打造出一座自我保護的牆垣，抵擋所有的新發現與自發性，抵抗所有的自由與了解。理智永遠無法找到答案。不過，如果你容許自己去探詢，探究自己為何不對思考者本身即是憂傷這樣的概念，感到震驚，你就能打破自我封閉的牆垣。如果你和理智那種死氣沉沉的麻木感和平共存，不設法逃避它，那麼你會發現，你用自己的頭去衝撞的那塊大石頭將會消融殆盡。你已經變得麻木了，卻不讓自己去領悟、感受這個事實。唯有當你被這個真相所震撼，也就是麻木這個真相，思考者及其思想停止的一刻才能開始。唯有那時，永恆的滋味才會出現。

71 接受憂傷的方式

TU說，對於她兒子，她對靈媒提出的解釋不滿意。她兒子在這場戰爭中喪命，她一聽到這個消息，立刻陷入了絕望的深淵。在絕望之中，她去見了一些通靈人，他們描述了他兒子的情形，說他有多麼快樂云云。接著她也參加了「降神會」[5]，當時她兒子似乎現了身，但是她卻未因此感到快樂。後來，她換過一個又一個宗教團體，開始研究轉世輪迴，並加入了一個傳播這種理論的協會。雖然如此，她依然無法獲得任何慰藉。她很悲哀地表示，政客只關心選票與軍隊。她說她對自己心中這份憂傷感到疲憊至極，有任何方式能了解死亡嗎？

她在苦苦追尋的慰藉當中了解了嗎？尋求慰藉的欲望不會讓這份苦變得膚淺嗎？

[5] 譯註：召喚亡者靈魂的聚會。

慰藉、安慰等會驅散這份苦，徒留下空虛的餘燼。她為了尋求慰藉四處奔走，著實浪費了這份苦所蘊含的潛力。**受苦是個指標，而不是某種該除之而後快的東西。**她四處尋找一個解釋，從一個團體到另一個團體，白白浪費了理解憂傷所必要的心理與情緒能量。

那些編造出來的東西，終將走向終點。我們是一種結果，而非終點。凡是結果，必將永遠困在變遷之流當中，困在短暫無常之中。編造的事物裡沒有一點恆久不變的品質。那堅不可摧的，存在於短暫無常之外。生與死是一道必須打破的無盡枷鎖，我們有能力在任何時候拋開它們，了悟那永恆的、無限的。

要獲得那樣的了悟，需要用我們所有的思想與能量，它們不可以散失掉。尋求安慰會鈍化並浪費思想感受，讓它們消耗在空洞的解釋與各種意見中。她並沒有透過這樣的浪費而減輕痛苦，不是嗎？如果她想要的是減輕痛苦，那麼她在尋找的就是一種麻醉劑，她也無可避免地將會找到某種形式的麻醉劑、某種逃避方式。但是，那無法解決她的憂傷問題，那是每一個知道死亡為何的人的憂傷。種種的解釋、理論、信念與意見，都只能帶來短暫的滿足，也會讓思想感受分心，忽略受苦所蘊含的財富。若不尋求安慰，不尋求短暫的滿足，與憂傷和平相處並且「接受」它，拋開理智那充滿吸引力的誘惑，那麼那份苦，那令人心痛的空虛，自會帶來一份摧毀不了的財富。

「接受」的方式有兩種：導致墮落的「接受」，與導致轉化的「接受」。不經思考、純理智、純理性化的接受——是一種屈服，一種墮落。因為了解了理智的各種空泛解釋，了解所有憂傷的孤立，了解如何允許憂傷顯現並賦予其存在意義，所以接受——這樣的接受能將憂傷轉化為無量的財富。如同囚徒可以接受自己必須蛻變的處境，也可以不假思索地一味反抗，讓自己墮落。因此，以正確的方式接受憂傷，自有其報償。你必須與它和平共處，但不是以病態的方式這麼做，更不是自憐、隔絕，也不是憎恨，而是如同和一隻危險的寵物在一起，必須時時看著牠、努力了解牠的行為模式、牠的企圖，帶著警醒的覺察盯著牠，也開放地接收牠所釋放的訊息。高度柔軟是必要的，它在思想感受牢牢固定在某個信念、某種理論、某種經驗或回憶時，會遭到否定。能為我們帶來平靜與喜悅、愛與了解的，正是意念與心靈這種簡單卻無與倫比的柔軟度。

她回答說她已經與自己的憂傷和平共處好幾個月了，她感到厭倦、痲木。這種厭倦與麻木感透露出她想要免於憂傷、擺脫憂傷的渴望，不是嗎？她在尋求安慰的過程中耗損了她的思想感受，這不僅造成欠缺思考，也使她的感覺變麻木了。**安慰是一種微妙的毒藥，想要了解並超越憂傷的人都必須避免。**

她沉默了好一陣子之後，突然說她在談話內容中抓住了一絲希望的曙光，而不是安慰，或許她能走出這場令人迷惑的憂傷。

痛苦，若能讓人成熟，自會找到自己的出路。

72

精明的算計之心

UV說她發現自己在做或說一些自知不是自己真實想法的事。她知道為何會有如此的不實反應，但同樣的情況卻一再發生。她清楚地覺察到，導致自己的反應與真實的思想感受相反的原因，但情況偏與她作對。

她述說了一些自己的人生故事。

所有的存在都是痛苦的，她是不是和許多人一樣，理智過度發達了？她活在理智的陰影下，在陰影之中行動，而理智永遠在旁觀、掌控、塑造和算計著什麼，不是嗎？她明白該如何解釋自己的疑問，她的理智戒備森嚴。如她所說，她知道自己為何會有不實反應，她可以為自己的缺點提出解釋，她已經詳細分析、認識了自己。這些自我認識被理智所儲存，是理智在發展、在積累。

對局部的過度教育導致人心變得膚淺、精明，當局部受到強化與鼓勵，就滋生了競爭、對立與敵意。局部只能給予部分的答案，而非完整而真實的答案。局部不是整體，無法導向整體。只有在局部喪失重要性時，整體才會被看見。對局部的崇拜摧毀了整體，且這崇拜是一種盲目的推崇。

對理智的過度刺激與過度教育，導致了「精明的麻木」（clever numbness），造就了自我保護的硬殼，不打破它們，就不會有了解。是精明的算計之心，以及它的種種結論、分析、預知等妨礙了她獲得解脫。她變得麻木不仁，因為對自己的矛盾持續進行智性分析而變得不敏感——所有的分析都是局部而偏頗的、智性的。因此，每當不實反應出現，它立即被分析掉了，因而無法為她帶來領悟。她已經變得不敏感、遲鈍了，現在她必須靜靜地覺察理智持續的喋喋不休。靜靜地覺察理智的每一句低語，有助於讓理智停止呱噪且變得警覺。如此一來，她會發展出敏感度，會為衝突矛盾的徒勞無益感到震驚，因而有所領悟。

持續不斷地欣賞美麗事物之後，會出現疲乏與無感的現象，同理，受到過度教育與過度刺激的理智，亦會讓了解的功能變得遲鈍。恕我直言，你的問題不是如何終結思想感受的自我矛盾，而是如何變得更敏感、更警覺，去察覺到讓生命消耗在矛盾中是一件多麼浪費的事。理由已經自行耗盡了，讓理智也休息一下吧。去感受那些矛盾，而不是用各種解釋抹除它們，要有智慧地，帶著感受能力與它和平共處。靜靜地觀察這些矛盾，不要認同，不要合理化它們，只要完整地覺察它們。在這靜默的覺察之中，了解與整合將會出現。讓覺察的種子自行開花結果吧！

73 以家庭填補空虛有效？

VW說她有一個迫切的問題必須解決。她對家人非常執著，對他們有種強烈占有慾，但這並非針對他們的生活或想法，而是他們的陪伴。她解釋，她要追求實相的自由。宗教導師都說你必須切斷與家庭的聯繫，她也曾試圖讓自己與家庭保持疏離，卻發現這極為困難。難道她必須完全不執著，才能找到神嗎？

我問道，**為什麼要追求不執著？**是因為受到這樣的教導嗎？她是為了獲得承諾過的報酬而追求不執著嗎？導致她苦苦掙扎，想要不執著的原因是什麼？是他人的權威在說服她嗎？

她認為確實如此，她回答道。

如此一來，她便不是根據了解而追求不執著，而是傳統的權威在強迫她採取一個她根本沒興趣的行動。她對結果更感興趣，而不是手段。是手段創造了目的，不是嗎？如果她不了解「不執著」對她的重要性，那它還有什麼價值呢？當然完全沒有。如果她只是盲從，那麼盲人會為她帶路。

不是這樣的，她回答，她並非盲從，而是真的覺得自己必須不執著。她現在的老師對此很堅持，但她不知道這件事的深層意義為何。「沒錯，」她想了想又說，「我想我是有點盲從。」

為何她覺得必須斷開對家庭的執著？為何她對家庭如此執著？是否因為她在這個令人不自在的陌生世界裡感到孤單無助呢？

「是的，」她說，「我以為自己是因為我們全家人一條心而產生執著，但我明白自己為何執著了。」

你覺得家人會比別人更了解你，跟他們在一起時你可以做自己，內心深處沒有敵意、沒有假裝及其種種無益的爭鬥。你執著是因為你需要他們，你將這種需要稱為幸福快樂。

「沒錯，」她補充說，「這種需要是因為我們不完整而生起的。」

你只是在引用我們之前說過的話，恕我直言，這無法引領你了解執著。對他人的需要是存在的，我們深深執著於此，同時帶著痛苦的恐懼執著於此。為什麼會有這種需要呢？是不是因為你感到空虛、貧乏、不完整、孤單，於是試圖用你的家庭來填補這份寂寞？要填補這種痛苦的空虛感，你需要家庭，所以你執著於家庭。如果你沒有家庭，你會用其他東西來填補，不是嗎？

「是的，我想是如此。」

因此，**你的問題不是如何變得不執著，而是找出能真正填滿這份空虛的東西**。你尋求的是一種逃避手段，你想要尋找一個永久不變的填充品。你試圖用家庭填補你的孤單，而有人用的是活動，有人用的是消遣娛樂，有人用的是某種癮頭，有人用的是知識，有人用的是神或是解脫的概念。

「但是，難道沒有所謂神的恩典這種東西嗎？難道它無法填補空虛嗎？」

只要你的空虛還在，就沒有這種東西。唯有當你所認同的特定空間不再存在，才會有永恆。每個人都根據自己的性情尋求如何填補那份空虛。你可能用的是家庭，另一個人用的是充滿色慾的念頭，另一個人用的是權力慾，另一個人用的是高尚的概念，但是每個人顧慮的都是一種帶來滿足的、永久的掩飾。沒有任何一種方式比其他方式更優越。因此你的探詢是：用家庭填補這份空虛是正確的嗎？任何一種占有慾都會造成痛苦，為了逃離那樣的痛苦，一個人必須培養不執著的心態。於是，**不執著成為另一種掩飾手段，用以填補那份帶來煎熬的空洞感**。現在，這份空洞、空虛感，可能填滿嗎？有任何方法能讓這份貧乏豐富起來嗎？

「當然，一定有。」她如此堅稱。

請讓我們再更仔細想一想。無論那個自我封閉的空間，那種徹底孤單的感受能被填補多少，它依然是空虛的。你可以用各種手段來掩飾它，但它依然存在。你可以將它塞滿頭腦裡的各種策略，但那份空洞依然存在。我們認為可以占滿那份空洞的東西，使我們變得強烈執著於它，因為如果那東西、那填充物從我們身邊被拿走了，讓我們立刻陷入愁雲慘霧、滿懷憂傷，因為那份空虛、那種令人心痛的孤獨感會再度出現。那份空洞就像一個破掉的容器，一個永遠填不滿的無底洞，不是嗎？

「但是，」她說，「一定有什麼東西能填補這空虛。」

沒有什麼能填補它，無論你多麼努力都沒有用。你可能會有一段時間忘記了它、掩飾了它、否認了它，但是在這樣的掩飾底下，它依然在那裡。這是顯而易見的，必定如此。除非你消除了原因，否則症狀永遠都在。如果你的心相信填補這份空虛與孤獨是不可能的，那麼它就有能力為自己帶來轉化，帶來一場革命。然而，難就難在要去意識到所有想要填補空虛的努力，都注定是令人哀傷的，而且是全然無用的。意識到這一點、體會這個無知的行為，是極其必要的。在這樣的理解當中，秩序與清晰將會生起。

當思想感受了解到這份空虛無法藉由任何手段獲得填補，在這樣的立場下，它會發現自己一籌莫展，發現針對這空虛而進行的種種思慮與行為，基本上一點也不重要，無論它想什麼、做什麼，都是一種障礙。那麼，心會趨向寂靜，在這寂止狀態中，那個製造出此一個別身分認同的空間，此一空虛與孤單之境的自我封閉牆垣，將會崩塌。

這時，既沒有執著也沒有不執著，家庭、工作、能以手和頭腦製造的事物本身，將不再重要，那些都只是一種手段，而不是目的。它們是達成自我認識、正確思維與最高智慧的手段。但是對於受到執著所束縛的心而言，會有攬事來做與委曲自己的現象，這種束縛無法藉由培養不執著的心態來打破。

不必顧慮產品，要顧慮的是產品製造者，**不必顧慮思想，要顧慮的是思考者**。思考者是什麼，思想就是什麼，它們是不可分的，是一個結合的現象。只要思考者是自我封閉的，他的思想與活動就是受限的、受到束縛的。不要只是想要打破這些束縛，而是要讓思考者停止傳播。思考者及其思想必須停止存在。只要有思考者的存在，他的思想就必定會製造出無知與憂傷，因為思考者會在家庭、事物、工作與概念中延續自己。思考者在其創作裡建構自己，父親成為兒子的奴隸，因為兒子就是他自己。思考者對一己思想的認同必須完全停止。思考者靜下來的時候，不再喋喋不休的時候，這份寧靜裡自有其深不可測之境。

74 努力與選擇的製造者

WX說他多年來一直十分規律地靜心，研究過各式各樣的靜心系統，並多少實際修練過。他也規律祈禱，遵循著奉獻的途徑。他的靜心包含數種形式的自律，更確切地說，他為了靜心而嚴以律己。然而經過了這許多年，他似乎無法突破困境而找到實相、找到神。

關於他所謂的各種形式的靜心，重點是不是遵循一種模式來創造念頭？成為某種理想狀態、遵循一種公式化模式、培養必要的品質等等，這些全朝著讓自我成為什麼或不成為什麼的方向前進，不是嗎？靜心的企圖，是為了讓自己是什麼、成為什麼，或者不是什麼、不成為什麼，不是嗎？我們努力朝著達成什麼的目標前進，卻不曾了解**這種想要成為什麼的努力，本身很可能變成阻礙那如是實相的手段**。若不了解那個祈禱之人，他的祈禱可能會導致幻相，雖然我們希望不是如此。因此，了解付出努力的人是誰、祈禱的人是誰非常重要，不是嗎？祈禱與付出努力本身自有其報酬，但是這些報酬與實相能夠等量齊觀嗎？這些報酬所根據的是努力，但是除非這個付出努力的人，了解自己與他的努力，否則他的祈禱便缺乏正確的基礎。努力與祈禱會獲得回應與回答，但那難道不是恐懼呼喚恐懼，貪婪呼喚貪婪嗎？這樣的回應與回答不見得是真正的答案，因此若不了解付出努力與祈禱的人是誰，那麼他的思想與活動就毫無正確思維與行動的基礎。

如果你不了解自己，就沒有一個讓你立基的基礎。如果沒有自我認識，你今天所建立的，明天就會遭到破壞。沒有任何保證，只有矛盾、痛苦、無知。如果你了解自己，你就會了解整體。若沒有你，這個世界也將不存在。若沒有你，我便不存在。你是過去，是所有父親與母親的結果，一如我也是所有父親與母親的結果。你的父親就是我的父親，你就是我。**你就是這個世界**。**你是什麼，這個世界就是什麼**。若不了解自己，不認識自己，一切的知識都將是無知的、帶來憂傷的。

「是啊，」他回答道，「我很清楚這一點。我知道你所謂的我就是我父親是什麼意思。這非常具有啟發性。」

那麼，如果沒有自我認識與自我覺察，正確的思維便不可能出現。如果不對那位思考者保持覺察，一味地重塑思想並無任何意義。覺察，靜心，才是自我發現。要有所發現，就必須擁有免於身分認同、免於評斷的自由，而那是一項非常艱難的任務。評斷與認同會阻礙我們去了解每一個思想感受。這種自由必須在一開始的時候便建立起來。錯誤的手段會製造錯誤的結局，透過錯誤的手段無法發現那真實的。**從一開始，覺察就必須是無選擇的。**如果做選擇之人持續存在，那麼二元對立、「我」與「非我」、功與過等等，也將永遠存在。透過二元對立，「一」將不復存在。付出努力的人與做出選擇的人，必須加以了解、消融。付出努力的人是累積過程的中心，而凡是累積的就不是真實的。必須下定決心消除這個經驗與記憶的中心、這個思考者。覺察或靜心的整個過程，就是要將做選擇與思考的人縮減至寂靜無聲的地步。

「這該怎麼做呢？」他問道。

在我們追求一個結果之前，必須先了解問題，這個過程本身即是解答。覺知問題本身就是促使答案成熟。在問題之外追求答案是在製造迷惑。

「你的意思是，我不可以在靜心時追求結果？」他問道。

如果思想在追求結果，那麼它關心的就不是手段。如果思考者關心的是他的成就，他就是在發展二元對立。如果付出努力者追求一個目標，他就是在滋養渴求，渴求會造成幻相與憂傷。如果你尋求的是一個結果，你是在強化自我封閉的記憶。思考者會將自己延伸至結果。如果你追求結果，你的思想會懸在獲得、成就，以及如何強化累積的中心，對嗎？這是在強化經驗者與他的經驗，不是嗎？如果你追求結果，你是在製造時間，不是嗎？透過時間的過程，可以發現那無限的、永恆的嗎？時間必須停止，永恆才能存在。

那麼，問題是什麼？**要了解思考者是誰，而非僅是改變或調整他的思想。**他的思想與行動會指出思考者是誰。藉由覺察他的思想感受，他便能認識創造這些思想感受的人。如果你只是對他的思想感受與行動妄下評斷，便無法遇見那個創造者，而如果你追蹤、探究它們，就能發現那個思考者。在深入思考、體會每一個思考感受的同時，你會發現以各種形式、面貌、姿態呈現的思考者。他的思想感受裡的一切線索都將導向他，無論它們有多麼狹隘或愚蠢，都必須詳加追查、了解。如果思考者所有的狹猾表現都能獲得觀察、探究與了解，且一再重新評估，思考者將不復存在。如果樹葉與樹枝一再被剪除，樹就會死亡。如果每一個思想感受與行動都獲得徹底的思考、體會、了解並且完成，那麼那個中心、那個思考者、那個想要成為什麼的人，也將不再存在。思考者將不再是那個——背負著毫無創造力之累積物與記憶的體驗者。到那時候，思考者將完全寧靜，不再蒐集或拒絕什麼，在那份寧靜的深邃智慧裡，存在的是永恆的無限創造。不要揣測它，也不要將它公式化，只要對每一個思想感受與行動保持覺察即可。覺察的火焰將燒毀一切障礙與阻撓，這道火光之中存在著真實。當這道火光將一切束縛燃燒殆盡，即是自性光明、無因與無死之境。

75 能力與天賦是危險的朋友？

CY在談話過程中解釋在了解自己時所發現的難處。他會施展小聰明，淺嚐即止，這讓他感到厭倦、沮喪，他就是無法深入挖掘。

他一邊解釋著，我彷彿看見了一罐顏色層次分明的透明彩沙瓶。他繼續說下去，透露出愈來愈多關於自己的事。然後，他突然沉默下來，我們在不受話語干擾的狀態下靜靜坐了一會兒。他的內心就像一張印刷清晰的紙，一切表露無遺。

你無法深入挖掘，因為你太過於活躍在表面上了。你太忙著施展小聰明、發揮你在辭令與解釋上的天賦，享受你舒適愜意的生活。你置身於一個令人滿足的舒適坑洞裡，每次你一挖掘，就陷入讓它變得更怡人、更令人昏沉愉快的狀態。你的家人、朋友與環境，都在幫助你將那個洞變得更堪忍受。由於他們也很滿意他們自己的洞，因此也想讓你待在你的洞裡。你被裝入由自己的能力和天賦做成的箱子，但它是危險的朋友。它成為目的本身，因而造成了許多痛苦與憂傷。你的食物、衣物、你的姿態與享樂，讓你感到厭倦、沉悶，你的心變得不敏感了，喪失了它迅速了解的能力。在這種狀態下，你要如何深入挖掘呢？

他驚訝不已，很快抬起頭說：「多告訴我一些關於我的事吧。」

你必須自己去發現關於你的事，讓我們告訴你是沒有意義的。你必須甩掉所有讓你感到厭倦、沮喪的原因。心的表層非常犀利、精明能幹，因而阻礙了更深層的意識與內在之心的呈現。這會阻礙你，因為它可能會被迫採取更廣泛、更深入的行動，可能會受到騷擾而去追求一連串全新的行動，因而製造了不安與騷動，引發焦慮與恐懼。為了逃避覺醒，心在表面上很活躍，這反而讓它變得遲鈍、安逸。表層的、當下正活躍的心念要了解，它必須主動停止活動，才能將內在的心念帶入開放的空間，心明白自己是個固執的障礙。如果你能對表層心念的眾多活動保持覺察，看著它的喋喋不休、它的舞蹈、它的各種理由與結論，透過這樣的覺察，就會有平靜與清晰。這可能意謂著你必須放棄舒適的環境，放棄那些了無生氣又機械化的念頭，以及目前的生活模式。要獲得清晰與了解，深度的擾動是需要的。要想了解實相，必須在內在擁有熱切奮發的心，而非只從事表面的、消耗性的活動。

透過這份持續的覺察，夢境將會被平靜而蘊含創造力的睡眠所取代。

「我很開心，」他說，「因為你談到了夢，我飽受夢境的困擾。」

清醒時刻的警醒與覺察狀態，能讓你在睡眠時段有機會獲得深刻的了解。一個人開始覺察的初期，覺察還不是連續的，睡眠會受到許多夢境的打擾，因為覺察會製造擾亂。夢境有重要的，也有不重要的，如何詮釋它們，取決於做夢者的幻想、偏見與習性。不過，隨著你在清醒時刻的覺察力道愈來愈強，能夠徹底思考、細細體會每一個思想感受，夢也會愈來愈少，但是那些夢將不需要詮釋，因為它們會在全然的覺察當中被做夢者理解、消化。重點不在於夢境如何詮釋，而是在於豐富的覺察力。

浪費一個前途光明的生命是一件很可惜的事。與其浪擲精力投入外在活動、愚蠢的小聰明，以及辭令遊戲，將那些有用的能量，用來釐清種種——為你帶來了解與快樂，或是帶來破壞的——內在活動，難道不是更好、更有啟發性嗎？外在的寶藏很快會報廢、腐敗，隨之而來的就是衝突與憂傷。內在的寶藏是不會毀壞的，它們能帶來永恆的至樂。

76 道心之中有衣食

ＹＺ問道，為何我會說**真理沒有道路可循**，說**真理是一個無路之境**。真理難道不會帶來一種確定性嗎？它是永久保證的，不是嗎？

所有的河流終歸流向大海，河流的水量決定了該河川的迅捷程度。細小的河川很快會耗盡自己。河流的路線是確定的，它會跨越或繞過每一個障礙，或自己開闢新路，但是它會迅捷地朝著大海流動。當這些水流進入了大海，進入了它的浩瀚無邊，那條向來只受兩岸所限的河流便消失了，它被同化、吸收了。

在存在的掙扎奮鬥裡，有確定的也有不確定的，有提供保證的也有不安全的。我們在某個地方追求並創造確定性，在某個地方確信，在某個地方陷入好與壞的衝突之中，又在某個地方認識了苦與樂、生與死。在岸上，有許多道路與捷徑，每一條路都會分裂、繁衍。岸上有眾多神祇及其充滿競爭心態的追隨者。眾多的堅持與主張帶來了困惑與噪音。這些岸上的一切存在都是一種鬥爭與痛苦。

大海並不遙遠，是人使它變得遙遠，因為我們設定了那個終點。是終點創造出距離。沒有終點也沒有一個開始。是對成就、對成功的貪婪，使人不斷地想要變成什麼。

「你的意思是我們不該有一個終點，一個目標？」

目標唯有在當下無法創造其無限奧義與了解時，才能帶來啟發效果，因為**終點是一種吸引，一種對當下的逃避**。當下就是永恆，如果你現在不了解它的意義，未來想要理解它的可能性微乎其微。當下的無知只會變成未來的無知。無知不會透過時間的過程、透過目標的啟發而自行蛻變為智慧，它必須消融於永恆的當下。它生起的時候，必須觀察、了解，從而消融它，那是一種時時刻刻存在的行動。正如一棵樹葉與樹枝一再被剪除的樹木終將死亡，無知與憂傷也必須在它們出現時，透過持續的覺察與了解來砍除。

這份了解不是在最終、在遙遠的終點獲得的。那些未獲了解的會持續存在，而獲得了解的將不復存在。了解不是可以累積的，沒有一個去了解的經驗者。未完成的會留下，成為回憶，使身分認同、使「我」和「我的」得以延續。那些已經獲得了解的、完成的將不復存在，因為它不留下任何痕跡與記憶。了解只能在自由存在之處存在，它無法存在於束縛存在之處，或心中充塞著回憶之時。終點與創造目標同時強化了回憶，但回憶或累積的經驗卻無法帶來了解。累積創造出一個自我封閉的中心，創造出分別與排外，但封閉的東西永遠不會自由，因此經驗者亦永遠不會了解。經驗者永遠在經驗著什麼，因此那個經驗者永遠是不完整的。他永遠無法了解，因為了解存在於自由之中。

自由之中怎能有任何保證、任何確定性呢？但凡自由的、深不可測的，都是超越一切比較的，它超越並高於一切的對立面。一個不確定的人會渴求確定，然而一切的存在都是不確定、不安全的，不是嗎？死亡、疾病與衰老籠罩著我們，創造出短暫無常的本質，而我們卻想在無常之中追求確定。我們在死亡、衰敗之中，在瞬息萬變之中尋求一個保證，多麼盲目啊！

「但是，我們確實需要活在這世界上，誰會給我們每天所需的麵包呢？」

在追求真理的道路上，自然有人會供給麵包（道心之中有衣食），但若只追求麵包，那麼甚至連麵包也會遭到毀壞。麵包不是究竟的價值，如果將它當成究竟的，就會發生災難、謀殺與飢荒。

透過短暫無常追求永恆，這無路可循，因為它就是那時時刻刻存在的。

77 回憶必須成為空殼？

ＺＡ解釋說，他接受我的建議，開始將清醒時段出現的每一個思想感受寫下來。這創造出非常有趣的結果，也為他帶來許多了解。他也嘗試寫下自己睡眠時段的夢境與念頭，當然，是在清醒的時候這麼做，但是它們非常破碎、不連貫，而且數量不多。他的夢與不同形式的時間有關，而時間對他來說已經變得非常重要了。

他向我描述了一些夢境，他發現，在他試圖寫下每一個思想感受的過程中，時間問題變得十分重要而且迫切。他有時間將它們寫下來，但是卻有另一種時間牽涉其中，正是它製造了不安與焦慮。

他指的是不是我們所謂的心理時間呢？一般由遠至近的時間，事件的連續，是不難了解的，也不難管理、調整或改變。心理時間則是較複雜、較難以理解的。意識在過去、現在與未來之間的遊蕩，可以稱為心理時間。這種遊蕩占據了我們感興趣的大部分領域。思想感受透過它們層層編織，創造出嶄新的模式、嶄新的事件，然而，它關心的是未來的希望。在一些情況裡，懊悔過去，但是在另一些情況裡，又對現在感到不安。意識能滲透時間，它是時間的結果，它就是時間本身，因此意識能預見它的未來或窺見過去。如果你在一架飛機上，高高位於一條蜿蜒河流的上方，你將能夠觀察到躲藏在轉彎處的船隻和人。從船上看過去，轉彎處的人和岸上的人都是看不見的，但是你在飛機上卻能同時看見他們兩者。對你而言，未來，就是從轉彎處朝著那人駛來的船隻，過去，就是已經經過那人，隱藏在另一個轉彎處的船隻，這兩者其實是一個事件。你看見了全貌。同理，你難道不可能超越時間的循環嗎？唯有在意識與思想感受將自己從時間的束縛當中解脫時，你才能超越它。

心理時間是記憶：「我過去是什麼」，「我現在是什麼」，以及「我將來是什麼」。記憶就是不完整的思想感受與行動。就是這些未完成的思想感受，賦予你連續性與身分認同，這些自我封閉的記憶，透過它自己的不斷要求與活動來強化自己。它從不會靜止下來去了解自己，它全然投入了解自己之外的事物，而非它自己。

透過現在這道門，我們可以看見過去，而過去會揭露出未來。過去在制約著現在，但是透過現在，我們便能夠理解過去。記憶的許多層次，也就是意識透過時間所編織的網，將它纏縛於過去、現在與未來之間。思想感受沉浸於時間裡，夢境與活動透露出它所受的束縛。思想感受無法超越時間的限制，做夢者與他的夢是一體的，要想詮釋夢境，做夢者必須了解他自己。若想要了解，他就必須停止認同，因為認同會帶來憂傷與困惑。記憶，就是經驗的累積，它的內容必須清空。記憶必須變成一個空殼。若要讓思想感受從時間與記憶當中解脫，每一個記憶，無論愉快與否，都必須獲得檢視與完成，因為記憶的內容會製造出思考者、做夢者。

「根據你所說的，我覺得你似乎沒有給予未來重要性，而我的夢境似乎模模糊糊地與未來有關。」

和許多人一樣，你或許有興趣知道前方等著你的是什麼，未來總是比過去更有吸引力。夢境會指出做夢者是誰。未來成為一種逃避。為了未來犧牲現在，就是在邀請災難與不幸前來。若不透過現在了解過去，未來便沒有價值，因為未來是透過現在這道門來延續過去，現在這道門會修改它。

你關心的，就是意識穿越時間的遊蕩，思想感受在時間框框裡的來回穿梭，不是嗎？然而，無論這個框框如何延伸，思想感受依然受困於界限內。你可以預知未來，預先說出某些事件等等，但是思想感受仍然受到時間的束縛。記憶與時間的持久性並非無限的、永恆的。那個打造記憶，與過去、現在、未來認同的枷鎖者，必須停止創造，他必須停止存在。唯有那時候，才有無限，才有永恆。

藉由持續覺察每一個思想感受，意識的眾多層次便能夠被穿透。在這個擾動與了解的過程中，會出現重要的與不重要的夢境或思想感受。那些不重要的，很快會被發現、丟棄，而那些重要的，並不必然需要詮釋，但是它們可以透過強烈的覺察來了解、消化。若不了解詮釋者，詮釋是沒有用的。在覺察的過程中，隨著意識的每一個層次被發現並且了解，在所謂的睡眠時刻，一個人將碰觸到意識的深層，而它也會開始在清醒時刻顯露。如此一來，不同層次之間所存在的分別將消弭無蹤。衝突平息了，但它並非無來由地任意如此，而是因為所有的渴求，亦即衝突的根源，無知與憂傷，全部結束了。在完整的自我認識之中，存在著平靜與崇高的智慧。

78

助人者與接受幫助者，必須目標一致

A是個工作效能相當高的社會工作者，她說，世界情勢愈來愈差，應該要有更大的改革出現。她說她關心的是如何幫助他人，而且渴望社會改革的心非常迫切。她該如何以最好的方式幫助他人？她的責任是什麼？這場可怕的戰爭讓一切變得更糟糕，而不是更好。她遇見了那麼多人，能做的卻那麼少。

她從大老遠的地方來，態度熱切，是個很聰明的人。她向我描述她的生活，以及所有組織都無法避免的瑣碎與狹隘，有些組織的情況還特別嚴重。她在那些組織裡度過好幾年的時光了。

如果助人者與接受幫助者是往同一個方向、朝著同一個目標前進，那麼她的幫助就能獲得正確的回應，但是如果她所追求的目標不是接受幫助者的目標，那麼她的幫助就會遭到濫用。如果她追求的是創造祥和，那些受她幫助的卻在追求其他東西，那麼她的善意會受到剝削。如果她努力幫助這個社會變得不貪，她就該確認社會也想要往同一個方向前進，若不這麼做，不僅她的努力會徒勞無功，社會也會利用她來達成自己的目標。**要幫助他人，必須確認對方也想要在同一個方向上接受幫助**，否則，他會利用你的幫助，讓自己在想要的方向上獲得力量，而那很可能與你的方向相反。

「你是說，基本上我們在對方也渴望同樣的目標之前，不能幫助他？」

在一個和平主義者與軍人之間，能有任何幫助關係嗎？他們屬於不同的思維層次、不同的社會層次，他們或許會在市場相遇，卻有不同的朋友、不同的語言。和平主義者了解軍人，可能想要幫助他，只為了讓他脫離暴力世界，但軍人唯有在自己相信暴力的愚蠢之後，才會接受這樣的幫助，否則，他會希望將那個和平主義者關起來，視他為危害社會的人。

同樣地，如果你想要從事社會改革，就必須確認社會也想要如此，否則，你的幫助、熱忱，將會被用來達成它自己的目的。集體的目的與個人的目的沒有什麼不同。如果你想要幫助我，就必須找出我想追求的是什麼，否則，你哪裡是在幫助我呢？如果你和我都同意，我們便能幫助彼此，而非阻礙彼此。但是，如果你不知道我想要什麼，卻想要幫助我，你的行為若非出於狂妄自大，以致局限了你的了解，便是僅僅沉迷於你自己的活動。如果挾著一己的知識、經驗、權威或浮誇的想法，而態度狂妄自大，幫助他人其實是不可能的；如果你只是用活動或社會服務來逃避，幫助也是不可能的。要幫助我，你必須認識你自己，否則，你和接受幫助者沒有什麼兩樣。在助人之前先認識自己是一件很重要的事，不是嗎？否則的話，你的無知會強化我的無知。

「沒錯，確實如此。我研習過社會學，接受的教育高於一般程度，所以我想我知道的東西夠多，會有些用處。」

你認為一層薄薄的膚淺知識，從書本上得來的、從飽學的教授那裡得來的知識，能解決我們的問題嗎？你認為如果每個人都能獲得你書本上的知識與資訊，這個社會就能獲得改善？識字能力能醫治社會的病痛嗎？人的痛苦難道沒有更深層的原因嗎？

「當然有。」她同意道。

若能了解並解決那個深層原因，人便可以讓自己從憂傷中解脫。想要了解並消融這個原因，你的起始處在哪裡？是從你自己開始，還是從鄰居開始？即便是想要了解鄰居，你也必須從你自己開始。那麼，**痛苦的根源如何消融，遂成了首要之務**，要想消融它，你必須先了解自己。如果這是社會的目的，而且也是你的目的，那麼你和你想要幫助並服務的社會，便能夠互惠互助。如此，你的幫助、服務就有了意義，改革將不會製造出更多困惑，也不需要再更進一步的改革了。服務則不會淪為一種可以銷售的商品，而是出於愛與忘我的無私精神而給予的東西。

隔天，她又回來了，自問為什麼沒有看見這些道理。她解釋說，完完全全同意我所說的，但是為何她不曾想通這些事？為什麼她的理解力這麼遲鈍？

這是因為她不曾覺察到自己的制約、偏見與認同，不是嗎？如果她無法覺察自己所受的制約，無論她多麼想要清楚思考，思想依舊會受到蒙蔽、限制。如同一個戴著有色眼鏡的人，必須摘下眼鏡才能沒有障礙地看，想要正確、清楚思考的人，也必須覺察到自己的制約與障礙。了解它們之後，他的思考感受會變得更敏銳，更深入而廣闊的理解也將隨之出現。如果思想無法讓自己免於偏見與認同，正確的思維是不可能發生的。偏見是一種狂妄自大的形式，對了解會構成限制。頭腦必須讓自己免於一切的評價與比較，才能了解那真實的。

79
經驗留下的疤痕

B說自己是個生意人，但是在這殘酷的世界裡並不算取得巨大成功，他對自己掙得的錢感到很滿意，已經足以支持他的家庭過一個符合西方標準的生活。他向我描述了自己的日常生活，但是說他不是來告訴我生活裡那些令人厭煩的例行事務，而是想要找出為何某些事件會一再發生的原因。它們本質上是基於情緒因素，每隔一段不同的時間就會反覆發生。

他難道沒有注意到，某些想法與感受會一再重複出現？為什麼這些念頭會一再回來呢？是因為它們尚未完成，尚未在最充分、最深刻的程度上，受到徹底的探查、思考與體會？一如未完成的工作會不斷逗弄著頭腦，直到它結束為止，**每一個思想感受在完成之前，必定會不斷地出現**。要壓抑這些反覆出現的思想感受，是相對簡單的，但那樣做並無法讓思想擺脫重複發生的情況。

沒錯，他同意，他曾努力壓抑它們，但它們又回來了。

如果他能徹底思考、細細地摸索體會每一個重複出現的念頭，盡一己所能去完成它們，它們就不會再回來了，因為，了解之中有自由。本質類似的事件會發生，是因為它們未被徹底地、深入地了解與消化吸收。經驗會在意識上留下痕跡與疤痕，將其根源傳送到深處，於是意識成為經驗與記憶根源的土壤。行動與反應會從這片土壤生起，意識僅僅變成一座保留東西、存放東西的倉庫。如此一來，意識便喪失了它的功能，也就是存在與更新的功能。經驗在留下痕跡的同時，也阻礙了無限的「成為」過程。我們的大部分經驗皆透過記憶、痕跡、疤痕而創造出時間，因此經驗變成了解的障礙、無限創造的障礙。正是這種種痕跡建構了「我」與「我的」的意識，那受限於時間的因素。只要思想感受仍受到經驗的束縛，重複的經驗或事件，就會一而再、再而三發生。每一個經驗生起時，要徹底思考，盡可能深入而廣泛地體會它們，而依據意識內容的不同，這個過程可能是迅速的，也可能是漸進的，覺察品質也會有遲鈍或敏銳之分。

如果你對全部的思想感受做這件事，不單單針對挑選過的思想感受，而是對每一個都如此，那麼重複的事件與經驗便會退讓，被一個無始無終的生命所取代。對死亡的恐懼會平息，因為存在的是永恆的生命，無限的「成為」過程。

執著於經驗與經驗留下的疤痕，會將思想感受與時間捆綁在一起，從而創造出自我，亦即「我」。自我的思想感受會帶來終點，帶來死亡。

他即將離開時解釋道，他非常仔細地傾聽，如同他在談話時所說，他會好好了解我們現在所說的一切。雖然他現在無法了解這些談話的全部內容，但他已經整理出它的意義，讓它做為一種酵母，在未來發揮潛移默化的力量。

80

政治改革是思想的浪費

C問我為何不參與政治，他自己有某種程度的參與，因為他覺得政治是一個可以透過它提供幫助的媒介。他尚未投入太深，但是曾前來聆聽我的其中一場談話，很好奇我為何對政治不感興趣。難道政治不是一個可以為這迷惑的世界帶來秩序的重要媒介嗎？

他告訴我，希望在政治領域做的事，以及它有多麼可悲地腐敗，但是他依然強烈覺得自己能透過它有所作為，他希望能創造一個更好的社會環境。他是一個警覺的人，對一些事能夠有所覺察，也渴望知道更多。他向我們描述了一些生活狀況。

政治只是生活的一個分支，將一個人全副的注意力放在它上面，如同現在這般，就等同於崇拜局部，而發展局部會產生衝突、困惑與對立。局部永遠無法幫助我們理解整體。政治能幫助我們將思想聚焦，但方向卻是錯誤的。思想若能引導至正確的方向，政治自有其正確的位置，但若非如此，它就會變成嚴重危害的來源。若沒有正確的思維，政治在本質上會成為一場遊戲，而且成為帶給所有其他人災難的遊戲。到那時候，少數操弄著多數，它的所有事務將被包裝成絕對無誤的，就像所有的教堂事務一樣。到那時候，腐敗將成為它內在固有的一部分，因為它不是靠良善存活的，而是靠權力、權威與壓迫。國家事務即是個人事務。

國家與個人並無二致：個人是什麼，國家就是什麼。國家不比個人崇高，因為是他創造了國家，國家是從他自己的模式裡誕生的。當大多數的個人都在困惑、嫉妒、追求權力、行使暴力的時候，這個國家便會成為有組織的暴力、有組織的權力、有組織的困惑等等，如同我們已經知道的那樣，造成嚴重的後果。想對政治與國家事務進行改革的想法，純粹是一種浪費。過度沉溺於症狀、沉溺於結果，只會帶來更多困惑，唯有徹底拔除根本原因，才會有清晰和秩序。

因此，一個真正具有宗教品質的人，有智慧的人，是不會過度沉溺於結果和產品的，而會關注那個製造者、生產者。對這樣一個人而言，沉浸於國家、政府與政治會成為一種障礙，阻礙他為自己進行必要且根本的轉化，也會阻礙他發現真相。

「但是，」他語帶不耐地說，「要讓每一個個人都變成聖人，要耗費一段長到可怕的時間，在這段時間裡，世界會分崩離析。」

當然，它會摧毀自己，速度是快是慢，取決於它所累積的貪婪、暴力與渴求有多少。在每一個個人領悟到拋開惡念、渴求與無知的絕對必要性之前，世界不會有平靜或快樂。如果提出這個問題的你，能深深體察到你自己也透過思想感受與行為，增添了這世界的困惑與痛苦，它還會需要那麼長的時間嗎？如果你完全相信——自己必須對這世界的憂傷負起完全的責任，你便不會顧慮時間這個因素了。你會顧慮的是如何根除你內在的肇因，因為它們製造出外在的衝突、困惑與對立。你不僅會終結自己內在的貪婪、惡念和貪慾，還會散播你的了解。你會以時間的角度來思考，是因為你已經習慣漸進的方式，那其實是一種怠惰與無知的形式。你為何不能直接而單純地思考與感受呢？

「沒錯，但在這期間，我要做什麼呢？」

沒有什麼「期間」的存在：它是一個持續的過程。如果你相信我所談論的東西，就沒有「期間」這種東西，你會開始認真努力地了解自己。透過自我覺察與自我認識，正確的思維將會來臨，而正確的思維會帶來平靜與喜悅。沒有任何政治人物，也沒有任何政府能給予這些，它們必須在一個人的內在發現。若是少了它們，沉浸於政府事務，徒然是在製造困惑並阻礙一個人了解實相。

81 揣測實相為何，或是直接體驗它？

D說他寫了一部探討形而上學的書，他研究過比較宗教學，他的書指出了一條通往神的路。他自己並未有過深刻的內在體驗，但是在讀過大量的宗教文獻之後，相信必然有一個超越物質世界的實相。於是他開始揣測實相的本質為何，他一定一直沉浸在揣測這件事。

我問，直接體驗而不去揣測那要被經驗的東西是很重要的，不是嗎？揣測難道不會阻礙該體驗嗎？可以被體驗的東西都是無法思考的，由於你一直在思考它、沉思它，頭腦便創造出一個模式與公式，讓自己受困其中，以致於不再能自由地體驗。體驗的必要條件是自由，而它會受到公式化與揣測的否定。你在不自由的情況下揣測，好比一個囚犯，他擁有揣測自由為何的自由，但他是不自由的。一個專制政府底下的公民只擁有順從的自由，但他是不自由的。你擁有揣測實相為何的自由，但是既然你不是自由的，你的揣測也不會是真實的。如果你是自由的，就不需要揣測，你在自由的狀態下會去體驗。因此，對實相的體驗而言，揣測功能會變得不重要，或成為一種明確的障礙。現在，容我這麼問，開始讓心從它自己所創造的障礙中解脫，難道不是你的任務嗎？你為何不著手開始，反而要將精力浪費在揣測上呢？

他十分驚訝，沉默地坐了半晌。

「對，你所說的完全正確。我一直為了一個簡單的理由，將心思散亂地浪費在揣測上，就目前我所能看見的確實如此。我害怕去正視我的障礙，因為我可能會被迫採取明確的行動，從而引發各式各樣的衝突與騷動。讓熟睡的狗好好躺在那兒吧，我想那就是我用揣測來逃避的原因。直到現在我才看見這一點，那麼，一個人要如何克服衝突呢？」

你尚未來到橋邊就想要過橋，是嗎？你並未置身真正的衝突裡，是你的心在預期這件事，在保護它自己，不是嗎？因此，它在避免衝突，而它就是透過揣測在這麼做，它在玩一個同樣的把戲，只是換了一種形式。了解自己的心，比了解它所創造的衝突更重要，不是嗎？透過思想，我們可以認識思考者的模式。我們關心的大多是各種念頭，如何塑造、改變、革新、調整它們等等，而不是關心製造它們的人，也就是思考者。如同一棵樹枝持續遭到砍除的樹很快會死去，如果思考者的每一個念頭都受到觀察、探究與了解，他也會很快枯萎。

82 你會讓自己被敵人所殺嗎？

E暢所欲言地表達他的意見，每一個意見都想要得到明確的答案。他與某些政治和宗教信念有很緊密的連繫，他謹守著既有的尺度，而這個尺度並不是非常寬。他在這些信念之間來回穿梭，編織出顯然讓他感到滿意的圖案。他讓自己封閉在這些圖案裡，在裡面，他聰明雪亮，那些包圍著他的高牆，找不到任何裂縫與開口。**他提出問題，卻不傾聽答案，因為他自己的答案已經能夠滿足他了。**

他說自己隨著生命之流流動，對那些不投入這場瞬息萬變、創造力十足的災難裡的人，他感到不解。他們為何要孤立自己，將這條豐富的生命之流隔絕於外呢？

可不可能那些沒有參與這個豐富生命的人，會認為他對生命所表達的這一番言論是全然愚蠢、粗野的呢？人類應當比草原叢林裡的野獸更能夠深思、更有智慧才對，如果他們運用智慧，導致當前這場大屠殺的文明軌跡可能會產生改變。

「但是，這難道不是很自然的事嗎？」他問道，「強者排除弱者，戰爭不就是這個事實的殘酷呈現？」

暴力的方法從不曾為世界帶來和平，只有和平的手段能帶來和平的結果。善意無法藉著捅你的同胞一刀而來，即便他可能會摧毀你。

「只有在一、兩個國家充分配備了最新的毀滅性裝備時，其他國家才不敢輕舉妄動，屆時世界才會有和平。在這個野蠻世界，透過武力而來的和平是唯一實際的補救辦法。」

這種規則是強盜行徑，數百年來，人們一直在嘗試這種方法，戰爭依然一個接一個發生。或許有其他方式會管用——愛與智慧的方式，而那需要個人的覺醒。當每一個人都急著達到目的，又受到可望立即獲得之結果的催眠，他就會變成種種口號與宣傳策略的奴隸。

「你會讓自己被敵人所殺，一點都不反抗嗎？」

會的，或許。這取決於一個人在慈悲與不執著的道路上走了多遠而定。對立即的感官反應所抱持的執著態度必須擱置一旁，而這有賴於持續的覺察與了解的柔軟度。

你的教育教你殺戮，而不是生活。你的宗教，除了有組織的教堂以外，說不要殺人，而你的國家卻在訓練你殺人，於是你不假思索地遵循了最容易的一條路，更將它稱之為豐富的生命。

「如果我們不保護自己，敵人就會摧毀我們，我們的自由也將消失無蹤。」

你已經透過每一天的念頭與活動，透過你的生活方式與你的貪婪製造出敵人。**沒有敵人，只有你的貪婪與錯誤的思考方式。只要免於這些，你就沒有敵人。**保持超然，你將知道何謂慈悲，那是能夠帶來和平的唯一因素。你談論著自由，可是你自由嗎？這份自由是否能被任何人、任何政府奪走？如果可以，它就不是自由，而承諾給予這種自由的政府，將成為通往真正自由的障礙。當你的心從欲求、惡念與無知當中解脫，就會有自由。這種解脫不是透過好或壞的環境得來的結果，而是自我覺察與自我認識的果實。

「但是，我們沒有時間做這些事，戰爭已經開始，我們必須終結它。」

戰爭由裡至外徹徹底底是貪婪、對立與欠缺思考的結果，如果你不讓自己免除這些障礙，就會發生戰爭。要透過錯誤手段達到正確目的是不可能的，透過暴力，只會帶來更多暴力，而不是和平。

「首先要剷除那些製造動亂的人，那些侵略的人，然後就會有和平。」

每一個人對戰爭、侵略與動亂都有責任，你能剷除他們每一個人嗎？你自己充滿了侵略性，你的思想與行動導致了侵略，你又有什麼立場剷除侵略者呢？狂妄自大會扼殺了解。如果每個人都能好好想想這些事，或許會找到答案，因為友善的超然態度能帶來重大的了解與愛。沒有慈悲，就不可能走出這場迷惑與不幸。理智的各種謀略與計畫都是片面的、不完整的，永遠不可能是真實的，因為它們永遠是不切實際的，會阻礙人們的團結。藉由一種語言、藉由經濟與社會的立法等諸多表面策略來團結人類，無法根除在人與人之間製造衝突與對立的內在原因。伴隨自我認識而來的是正確的思維，藉著它就能終結衝突與憂傷。

「但是，這一切做法會使你孤立，而我想要投入完整的生命之流。」

你所謂的完整的生命之流是不明智的，只會造成愈來愈多的迷惑與殺戮。若能覺察到自己的無知，了解自會來臨，了解之中沒有孤立。愛不是孤立，對財產、人與構想的執著才是孤立。雖然你想要與生命之流同在，但是你的內心卻已經孤立了自己，因為你受到自己心念中各種謀略與構想的束縛並執著於它們。雖然你一頭跳進了所謂的生命之流，你的心靈卻是空虛的。你心中的雜音使你心神散亂，如同一條吵雜的生命之流。**你只是在逃避自己的空虛罷了。**對空虛的恐懼會造成孤立。恐懼會滋生散亂，散亂的滋長是無法導向和平與喜樂的。

83 老師的兩難

F關心戰爭之事，她不想以任何方式對它給予寬容或支持，既不想在戰爭期間發戰爭財，也不想在它結束後趁機獲得任何好處（她兒子從軍）。她是在讀過一些我的談話記錄並參加我上次在歐亥的談話之後，做出了這樣的結論。她不想對戰爭及其形成原因妥協。

「我的問題與小型的日常衝突有關。身為老師，我是否應該鼓勵班上同學競爭？如果我這麼做，各種心理衝突、野心、成功與殘酷將隨之而來。我試圖避免，但置身在這個競爭激烈的體系裡，要避開全部這些實在很困難。我可以有技巧地在課堂上避開它，但其他老師依然鼓勵競爭，那會帶來某種成果。父母喜歡成果，孩子也喜歡，學校更以它為榮。」

競爭心態會導致對立，由於整個社會結構皆以它為基礎，它也受到了宗教的支持

（宗教裡同樣存在著比較與競爭的心態），因此一個人要不是拋棄社會的生活方式，就是隨順它的方式，不斷妥協、改造、修飾。要遵循哪一條路依你而定，你的誠摯與了解，會為你的行動開創出一條路。思考的最高形式是非比較性的、非競爭性的，在培養這種思考方式的過程中，你會發現，你無須顧慮結果，它自會產生它的影響力。正確的思維會帶來屬於它自己的行動，顧慮正確的思維比改造效果更重要，不是嗎？

當一個社會的教育體制是奠基於思考什麼，而非如何思考時，便容不下正確的思維，而關心正確思維的人將會發現謀生與表達的正確手段。我們或許不想支持戰爭，卻透過我們的利慾心、惡念與欠缺思考在間接支持它。活著就是處於關係之中，因為不可能孤立自己，存在遂變成痛苦的。除非我們透過自我認識與正確的思維發現那真實的，否則便無法脫離這種存在的痛苦。純理性與邏輯性的結論會成為發現真理的障礙，然而理性必須受到強化，以超越它自己，因為純理性的途徑會導致幻滅。

「還有另一個難題。一個人要顧慮生活的細節到什麼程度？我發現自己一直在擔心細節的正確性。我天生一絲不苟，那似乎也占據我心中很大一部分。」

當一個人心中百般挑剔地顧慮細節，顧慮小事，可能會很容易失去整體觀。這正是心智的特徵之一，不是嗎？迷失在瑣碎、細微之事，將次要之事看得太重要。一個不斷在創造價值的心，永遠無法自由地體驗真相。沒錯，要在混亂細節與模糊視野之間找到一個中道，確實是一件難事。若能對真相保持覺察，就會出現一種簡單，這份簡單之中將存在著真實。若不對真相保持覺察，耽溺於細節只會顯示出心的狹隘。一個狹隘的心很難覺察到自己的狹隘，它總是在為自己的耽溺細節找藉口。若心能停止合理化，變得純然覺知，不去比較，那麼它的狹隘就會凋零、脫落，如同一片葉子從樹上掉落一般。

「我還想談談另一件事：一個人必須完全避開社交活動嗎？我的意思是派對或是其他類似活動。」

任何令人分心的形式與事物，包括政治與派對，都是對才智的一種耗散。社交與政治上的閒言閒語雖然能讓人們聚焦，卻只是思想的浪費，那是聚焦在錯誤的方向。如果一個人認為社交派對等活動是非常重要的，那只是顯示出他渴望逃避自己、逃避他一己生命的貧乏。

如果一個人沉迷夜生活，他要如何保持警覺、靜心覺察呢？這種耗散會導致昏沉、頭腦遲鈍，以及神經緊張。要想發現並體驗那真實的，集中精力是必要的，不是嗎？任何令人分心的形式都會變成一種障礙。

84

我能在戰壕裡找到神嗎？

G是一位非常年輕的軍人。他一直深受宗教的制約，懷著熱切、渴望與焦慮的心想要找出真相。他對從軍這件事並不過度熱衷，但是他被徵召入伍了。他說他大量閱讀，感到十分困惑。他曾和鎮上幾位知名的「思想領袖」談過，他們告訴他戰爭是個不幸的必需品，他必須為民主而戰云云，而他自己卻對這整件事拿不定主意。

他拿不定主意的是什麼？是殺與不殺的問題嗎？

「是的。」他答道。

宗教教你要愛你的鄰居，教你不要殺，但是國家要求你必須為國家、為你的意識形態等種種原因而殺。你陷入這個矛盾裡。這樣的矛盾是否令人不安？

「是的，非常不安，那就是問題之一。」

讓我們先來探討這件事。如果那是強烈不安，你就必須認真地思考它。沒有人能為你解決這個矛盾問題，除了你自己之外。在你理清這個矛盾之前，你不會平靜的。環境、朋友與各種意見都可能阻礙你了解問題，但是現在既然你已經對它有所覺察，如果你透過環境、透過合理化或對意見的恐懼來掩飾它，那麼它會製造出更多困惑、更多痛苦。只要以簡單而直接的方式思考這個問題即可：你能透過錯誤的手段達成正確的目標嗎？正確的手段難道不該被用來達成正確目標嗎？殺戮是達成和平的手段嗎？

「但是，假如我們遭受攻擊呢？」

請用很簡單的方式來思考這件事，儘管表面上看來，這種殺與不殺、攻擊者與被攻擊者，朋友與敵人等，是個非常複雜的問題。但如果我們能以非常簡單而直接的方式來思考，將能夠為自己的內心和世界帶來和平。直接的了解是最高形式的聰明才智。如果你想讓所謂的攻擊者成為朋友，就必須運用正確的手段。如果你關心的是正確的手段，那麼既沒有朋友，也沒有敵人。如果你和我想要和平相處，我們就必須運用正確的手段來拔除根本原因：敵意、暴力與欠缺思考等。以不帶偏見的公正態度來思考這些事，你會發現何者為真。不要依賴他人，也不需要被事實與膚淺的知識震懾住。在超越知識與事實之外的地方是了解，它會與正確的思維一同來臨，而正確的思維也將與自我認識一同來臨。請以非常簡單的方式開始，開始覺察你的思想感受，試圖了解它們，試圖漸行漸深、漸廣地繞到它們背後。如果你開始評斷或比較、接受或否認，了解就會受到阻礙，由於心一直在這麼做，因此要努力找出它為何深受制約。請打破這樣的制約。**在那真實的來臨之前，你無處可以休息。**

「你認為，」他問道，「我是否能在戰壕裡找到神？」

如果你在尋找祂，就不會跑到戰壕裡。

85

答案存在於永恆的當下

H解釋說他是一位革命分子，他想要創造立即的改變，因為人們有迫切的、立即的需求。他為自己的理念受了很多苦，那並非純理論，他想要驅逐外國人，不是因為他對他們存有偏見，而是因為外國人壓迫人民、剝削人民，妨礙經濟的健全發展。他說，他曾經和許多人一樣，擁有虔誠的宗教信仰，但是現在，他已經將那些全拋到一邊了，政治成為他的宗教。

我問他，為何政治取代了宗教。

「我並未完全拋棄宗教，宗教仍有它的地位，但是無法帶來立即的結果。對一個努力奮鬥的人而言，神不是當務之急。慈悲、友愛等這些都很好，但是資本主義者、大地主等依然存在，正在剝削著人民、奴役著人民。這個體制必須徹底推翻，而政治行動與政治組織有它們的權宜方便，是一條讓我們脫離當前混亂的出路。」

當然，壓迫與剝削必須結束，但僅僅是換成另一群剝削者與壓迫者，以另一種無論是國籍或膚色什麼的來取代，完全是在浪費心思與精力。

「沒錯，但我們必須為了達成目的來利用每一個人。我們以毒攻毒，為達目的，可以不擇手段。」

手段難道不會轉變目的嗎？

「或許吧，但我們無法擁有一個完美的世界。不過，我們的結果肯定會比當前這場災難更好。」

為了預設的更好結果，你願意犧牲成千上萬的人、肅清他們，而你的目的卻是不確定的、沒有一點創造力的。你可能會給予口頭保證，但是在實施錯誤手段的同時，那個你所期盼的正確目的將會受到扭曲，因而為人們帶來更多痛苦、更多理想的破滅。

「可能會如此，但是你並不支持現狀，是吧？」

只有那些最無知的人才會如此，你不覺得嗎？我們的思維方式與行為舉止，必須經歷一個根本的、徹底的改變，因為單是靠政治行動，永遠無法讓一個人感到滿足，那些立即的事物很快會消逝。若不了解立即事物與某種永恆事物之間的關係，那些立即事物將變得毫無意義。人並非只活在立即的事物裡。他無法活在無限的當下之中，因為他總是在期盼、計畫，謀算著——想成為什麼、成就什麼，因而帶來了災難。你為立即的需求做計畫，那是一個暫時的結構，無論它有多麼令人滿意都是如此，但是，這樣就夠了嗎？一個人不應該去追尋，運用他最高的聰明才智去超越那些立即需求嗎？這不代表我們否認那些立即的需求。相反地，它只有在與某種比它更宏觀之事有關時才有意義。它本身是沒有意義的。

「麵包對一個飢餓的人來說有其意義，沒有它你無法存在。」

那麼，情形是這樣的：麵包是首要之務，其他一切自會接著來。困難在於你不是革命分子，你沒有反抗的本性，如果有，你就會了解。

「我們想要採取立即的行動，當前，迫切的政治與經濟行動勢在必行。一個人必須對這場行動投入全部的精力與心思。」

你是在將政治造就成一個新的宗教，不是嗎？而且由於政治本身並非目標，你是在招致更大的災難。政治與經濟策略確實有聚焦效果，但方向卻錯了。

「你想要我們怎麼做呢？讓剝削與壓迫繼續，退隱至心靈的黑暗洞穴裡？變成瑜伽士？你不會建議我們進入不活動的狀態吧？你的意思是政治與經濟行動是不夠的嗎？」

是的，就某部分來說是如此，但不僅止於這個意思。當一切的思想與行動皆向立即需求屈服，當藉由政治與經濟手段獲得權力成為目的，當麵包與物質被賦予最重要的地位，當快樂是透過感官價值而獲得，會造成什麼樣的結果呢？更多的不安全感，更多的不幸，諸如災難、革命、經濟蕭條等更大的災難。你想要避免這些，但是如果只顧慮到立即的需求，那是在為未來的災難鋪路。如果讓自己的思想受限於社會與政治策略，無論它們有多麼好，你難道不是在將一個人賴以活著的某個更偉大的東西推開嗎？若能發現它並加以發展，我們人類的關係，政治與社會上的關係，就不會充滿衝突與對立了。

「這是個政治與工業的時代，政治家、社會策動者與經濟學家們握有控制權，人民支持他們。這是一個屬於他們的世界，像你這樣的想法在今天是沒有立足之地的。」

既然政治家與經濟學家握有權力，既然他們已經成為領袖，更多的戰爭與災難已經保證會發生。這就是你努力奮鬥的理由？

「當然不是，但是要怎麼辦呢？如同你所說的，工業化可能會帶來更多戰爭，但是若沒有它，我們將永遠停留在貧窮階段。」

這是機器致死或貧窮致死的問題，但是，難道沒有其他處理方式了嗎？活在這個世界，而不流於世俗？給予工業一個適當的位置，而不讓它躍居最重要的地位？只有在人們不透過由手或頭腦製造的事物追求實相時，才能辦到這一點。只要政治人物與經濟掛帥的企業家們繼續擔任人民的領袖與導師，大災難與痛苦就會透過教會、廣告、五花八門的宣傳攻勢，接二連三發生。答案不存在於立即事物裡，而是存在於永恆的當下。

「我們顧慮的是生存，只有消除壓迫者與剝削者之後，我們才能生存，而有計畫的革命正是一個除去他們的明確方式。」

關心立即需求的，不是革命，這樣的考慮只會引來不同的剝削者與壓迫者集團，我們又會在缺乏了解的情況下開始。假如你能拋棄對權力與武力的信仰，以及它的種種教條與信念，你會發現解決人類痛苦的長久之計，否則的話，你將只是在這充滿衝突與痛苦的世界裡操弄著局勢。

「你的意思是，我們必須去愛諸如此類的概念？但是，恐怕那是不切實際的。在這個冰冷殘酷的世界，那從來沒成功過。只有武力才能帶來和平，因為我們都是難以駕馭的野獸。」

事情就是那樣，**你想要透過暴力帶來和平，那根本是不可能的！**愛與善意並非只是一種多愁善感的感情，它們很簡單，但影響力卻不可思議地深遠，這是狡猾的理智不可能了解的。理智要你付出代價，那就是武力、權力與報復，而愛不會如此。

86

打破教育制約的外殼

J說他想要談談他的夢，他會做大量的夢，有些夢十分愚蠢，有些很有趣而且意味深長，有些令人不安，有些則是帶來安慰、感覺清朗的夢。他很年輕，想像力豐富，而且相當敏感。他上過大學，但他感到極度不滿意，因為大學生活的一成不變無法滿足他。於是他去打零工，希望能開始寫作，不過那對他來說還不是一個強烈燃燒的渴望。他繼續說，外在的活動不曾打擊過他的夢想，雖然它們會讓夢想變得模糊不清。希望我能談談這件事。

活著就是在學習何謂意識。在缺乏自我認識的情況下活著是一種痛苦。多數人都模模糊糊地略微知道何謂意識的表層，至於深層，我們若不是全然無知，就是刻意對給予的提示充耳不聞，或是錯誤地詮釋它們的暗示。在這個意識的外殼內，我們盡情生活、活動、做夢、構思、享受、憂傷。這個意識包含了許多層次，有立即的也有深層的，那是教育的結果、制約的結果，是過去的結果。在接受教育的制約之下，有些人會覺察到它的表面層次，有些人會覺察到它的深層，而對有些人來說，他們能透過連續的覺察，讓意識眾多層次之間的關係維持著持續流動的狀態。

「這麼說，」他問，「是否意謂著在這個接受教育的——你所謂的意識外殼之外，還有某種東西、某種其他狀態存在？」

它必須被體驗，而非言語化。在這個接受教育的外殼之內，是時間的波浪，是過去、現在與未來，是做夢者與他的夢境，一個包含接受與否定之衝突的二元對立過程。在這個外殼之內，做夢者永遠在制約，因為做夢者就是那個外殼。他永遠在這個創造出來的、接受教育的外殼之內不斷調整、操控。他那些意味深長的夢，是在暗示他必須在關係、問題的釐清，或是更進一步的思維上進行調整。

「我可以了解這些，」他說，「但是，要如何打破這個接受教育的外殼呢？」

讓我們來探討你為何會提出這樣的問題。你是否熱切渴望，而且，恕我直言，貪婪地想要體驗那外殼之外的狀態呢？你是在接受我說的話，接受有一種你覺察不到的狀態，而對它的接受恰恰就是對它的否認。但是，如果對這個不斷在制約的外殼與其過程有所覺察，打破它就是可能的。

「你的意思是一個人必須分析他的制約，才能打破它？」

你無法透過分析打破它，只能透過覺察來辦到，因為在分析之中永遠有一個觀察者與被觀察者、做夢者與他的夢。因此，二元對立的現象會持續發生，那會妨礙接受教育的外殼裂開。

「那麼，你所謂的覺察是什麼意思？」他問。

覺察就是沒有認同的了解。思想在接受或拒絕、比較或評斷的時候，分析的過程於焉展開——思考者在看著他的思想念頭。在分析的過程裡，思考者與他的思想是分離的。**覺察是寂止的、無選擇的，在它之中，比較與評論都停止了。**儘管我們已經將思想從思考者分離出來，但是透過持續的覺察，思考者與他的思想便能獲得整合，成為一體的體驗。如同你無法分離熱與火，思考者及其思想亦是不可分的。覺察是對因與果的了解，對二元對立過程的了解。若能對這兩種過程保持無選擇的覺察，那麼思考者與他的思想就能被體驗為一體的。在這樣的體驗之下，接受教育的制約外殼會開始破裂。因此，對每一個思想感受與行動持續保持覺察，所有意識層次的整合就會開始發生，這份整合裡的完整了解將能粉碎那個外殼。在這個整合或靜心覺察的過程中，夢境將產生全然不同的意義。在清醒時刻保有的覺察，讓夢境變得不需要了，當這份覺察變得清晰而純淨，有一種存在狀態會來臨，那是終極的至樂與智慧。它超越了一切語言上的意義。

「在這些東西裡，」他問，「記憶有什麼意義？」

對多數人而言，記憶是一個活的有機體，我們餵養它、珍愛它，透過思想感受與行動，以認同的線編織記憶。這份記憶正是接受教育的制約外殼。

「但是，你應該不是在說我們應該消除記憶吧？」

記憶必須只是一個外殼，內部沒有任何活的有機體，也就是那個認同者。

「但那是不可能的。」他喊道。

你未曾去實驗、體驗便妄下斷言。我們都是在接受教育的外殼裡、在「受造者」（**the created**）的內部思考。唯有當這個制約的外殼被打破，那「非受者」（**the uncreated**）才會出現。

「你所說的話似乎開啟了巨大的可能性，我必須再仔細想一想。」

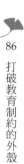

87

成功對他人與自己都是痛苦？

J說他想要變得更為整合，但他無法好好集中精神，甚至連對感興趣的事物也辦不到。他會突然改變想法，這讓他極難專心。他從事過各種不同的工作，但是它們都從指縫溜走了。他可以和單純率直的人共事，但對於那些所謂的智識分子、風雅之士，他卻感到難以相處。由於他們的人口，以及他們那玩弄詭計與自以為是的風氣正日漸增長，他覺得自己必須變得更專注、更為整合才行。有人介紹他去參加一個探討、修習靜心的團體，他去了，對方指示他靜心冥想愛，那套說詞聽起來蠢極了，於是他沒有再回去。他必須變得更為整合這件事已經是勢在必行，他解釋道，他已經耗費了無數的時間與一些心理治療師討論過這些事了。他沒辦法有效率地工作，他想要做一些與現在正在做的事完全不一樣的事，現在的事只不過是個謀生手段。

我懷疑你是否真的想要變得更為整合，你是嗎？

「當然是啊！」他回答。

你說對於某些活動、某些人，或在專心思考某些念頭的情況下，你發現整合是可能的，但是為何其他情況就不可能呢？因此，你一定對整合有所抗拒，你認為那是什麼？

「我想，是有些抗拒，但我一直找不到原因。」

是恐懼和伴隨的不情願阻礙了整合嗎？是否透過完全的整合，你可能會被迫改變目前的生活模式，而這製造出恐懼、不情願或抗拒心，讓你不想進入深度專注的狀態？

「我想這其中一定有某種原因，但我一向對自己感到不是那麼確定，覺得無能，那就是我為什麼會從一個工作晃蕩到另一個工作的原因，我朋友也對我感到絕望。現在，我在做一件能帶我爬上高位的事，但是我想要做一些更有創造力的事。」

你為什麼希望自己能整合起來呢？是為了更加適應這個醜惡的社會？為了在刀光劍影和金錢遊戲裡變得更成功？

「我不想在那方面獲得成功，我怕死它了，但是如果我不整合起來，我擔心自己可能會遁逃至某種恐怖的幻覺裡。我不想逃避，所以我必須整合起來。」

你為什麼不該逃避？

「我不想打造一座象牙塔困住自己，那等於徹底毀了。」

你想要達成某件事，所以你不想逃避？

你想要整合起來，以達成特定結果嗎？

「對，我想就是如此。」

你想要成功，不過是另一種層次的成功，更精煉、更微妙的成功。任何層次的成功都牽涉到刀光劍影與金錢遊戲，或是權力，而那其實代表的是自我狹隘的放大。

「天啊，我懂，但我想要專注、確實，而不是散亂、虛耗。」

話說回來，為什麼你渴望整合起來？當然，整合這件事比我們對它的膚淺認知更博大、更有深度。我們是從簡單的社交關係或成功或滿足的角度來思考它，其中的成功就是刀光劍影與權力。為了讓自己快速適應關係而想要的整合，一點意義也沒有。成功對他人或自己而言都是痛苦，不過它暫時能令人感到非常滿足。**若想要滿足，一個人必須完全單獨，在一個人煙稀少的地方，未獲承認、未獲任何支援。**由於整合是某種無比重要與真實的東西，所以你想要整合，但你願意對它的要求讓步到什麼程度呢？你可能必須完全放棄當前的存在模式，包括它的種種驕傲自大、樂趣與膚淺的東西。由於整合的意涵極其廣闊，它會視你採取什麼方式來與它打交道而有所不同。整合的方式遠比整合本身更加重要。如果你採取膚淺的方式，希望獲得一段舒適的關係，或是大獲成功等等，你的整合也將會根據你的要求與看法而有所不同。欲望本身就隱含著對欲望的解答。因此，重點在於你是採取膚淺的方式或深入的方式進行整合，以及你的方式有多麼確實，這些都會讓你獲得不同的答案。採取什麼方式遠比目標本身重要得多。**一個人必須完全無防備、完全敞開，才能獲得整合。**

88 了解衝突

K說他想要談談二元對立的一些面向。「沒有二元對立，就沒有存在。在它之中有生命，對立面的持續爭鬥就是生命的本質，包括政治、社會與個人的關係皆是如此。這樣的爭鬥裡有創造力，在它之外卻沒有。正反的論點永遠都會存在，它們的衝突會製造出結果，而那又會產生它自己的反論。因此，有一個持續的過程存在，封建制度製造出資本主義，而資本主義又製造出共產主義。沒有倒退，因為在二元對立的衝突之中，存在的永遠是往前進的革命運動。」

在對立之間有摩擦、有爭鬥，但是在這樣的衝突裡有創造力嗎？創造力是二元對立的結果，還是某種超越一切衝突的東西？衝突存在於所有的關係裡，衝突的目標是死亡還是另一個存在、另一種生命狀態的開始？**在了解衝突的時候，我們必須了解二元對立的意義**，涉及衝突時，二元對立有其意義。生命難道要在二元對立的無盡長廊裡度過嗎？在二元對立之內，有前進的運動嗎？在二元對立的界限之內，可能有深刻的革命嗎？除了談理論之外，讓我們說得更直接一些吧。在衝突實際發生的那一刻，我們是否覺察到創造力？當爭鬥的噪音結束，我們不再於對立的兩端之間拉扯，我們能平靜自處，自我也暫時被拋開的時候，才會有創造力。對大部分的人而言，衝突取代了創造力，因此衝突才會成為表達生命的最重要方式。

「存在就是衝突。」他堅稱。

存在就是痛苦，難道我們不該超越它嗎？如果生命就是二元對立的無盡衝突，那麼痛苦就沒有結束的時候，也不會有前進的革命運動，只會有不同形式的痛苦。因此，在二元對立的界限內改革，會變成一種倒退，唯有在二元對立之外，才有創造性的革命。社會是我們自己的呈現，如果我們的思想感受受制於正論與反論，那麼所有的關係就會出現分裂與困惑。

「思想是否可能，」他問，「超越思想？如果它無法被體驗，它就不是真實的，那麼它會變成不可知的，那只不過是迷信。」

如果無法在沒有幻相的情況下去體驗，那麼存在就是沒有意義的。**只有藉由了解**

分離的製造者是什麼，亦即那想成為什麼的人與成為什麼的過程，思想才有可能從二元對立中解脫。只有當思考者與他的思想成為一體，那經驗才有可能發生。如同你無法將火與熱分開，思考者與他的思想亦是不可分的。是我們製造了這種分離狀態，唯有透過靜心覺察，才能擁有整合的體驗，也就是去覺察每一個思想感受，覺察它的因與果，以及它的二元過程，然後去體驗思考者與他的思想融為一體。這能帶來真正的、內在的創造性革命。由於沒有執著，就可能有無限的柔軟。

89 遵循既有模式會使我們變得遲鈍

L解釋說自己已經遵循某種特定的宗教思想模式一段時間了，她無意遵循任何模式，卻在不知不覺間落入了這樣的行為。她說除了自己以外，她不可以追隨任何人，如果我們能一起談談這件事，她的一些困惑或許就能釐清。

我們為何需要模式？包括強加於我們的模式與自己創造的模式。難道不是因為恐懼嗎？**我們害怕無法達成、無法獲得、無法成為什麼**。遵循一種模式時，我們不需要費盡力氣讓自己去思考、去感受，別人已經想好一套行動方式了，我們只要照做即可。我們以為，模式會保護我們免於失敗、痛苦或困惑，然而它只會讓我們變得欠缺思考，只能安撫我們而讓我們變遲鈍。遵循模式會讓思考者及其思想、觀察者與被觀察者繼續維持分裂狀態，因此不可能超越思考者及其思想。在遵循模式的時候，思想感受是在一個已知的、被創造的範圍裡移動，因此它永遠在制約自己。思想永遠無法自由地去體驗、去發現真相。此外，在追求模式的過程中，永遠有著想要成為什麼的持續爭鬥，永遠沒有了解，也無法如是存在。

若能擁有免於模式的自由，就會有創造力。因此，**如果我們了解模式的深層意義，就不該拒絕一種模式而接受另一種模式**，無論那是由他人所創造，還是自己開發的。一個人一旦掌握了模式的根本本質，那麼，透過持續的覺察，它們將會自行瓦解。你無法透過一個狹隘的模式來引導並容納浩瀚無邊的生命之流，由於我們不斷企圖這麼做，以致將自己纏縛於衝突與痛苦裡，從未自由，從未敞開，從未毫無防備地面對實相。

「如果能如此思考，」她補充到，「這件事就不會讓我感覺那麼孤零零的。我很困惑，因此去找了心理治療師討論這件事，你認為這是個明智之舉嗎？」

我們不讓所有的關係發揮鏡子的功能，啟動自我揭露的過程，透過這麼做來清除困惑，反而選擇了一面特定的鏡子，希望它能消融我們所有的困惑。現在，有任何特定的權威能為我們帶來清晰嗎？或者它必須靠我們自己去找出來？專家或公式或許能造就一個結果，但那不是自我認識。自我認識是透過每一段關係累積而來的，包括與最謙虛之人和最有學問之人的關係，但是如果我們為了學習而依賴權威，便是將生命的無限豐美擋在門外，那麼我們便不是在學習，不是在對實相的豐富抱以敞開的、毫無防備的態度。

「沒錯，」她答道，「我了解你的意思。我們都把權威看得太重要了，因而將自己阻隔於經驗之外。一個人必須歡迎經驗，並試圖了解它們。」

你無法在不了解經驗者的情況下去了解經驗。經驗者與經驗是不可分的，它們是一個結合在一起的現象。在理解經驗者的同時，整個現象都被掌握、理解了。

「現在似乎有另外一個困難出現，就是客體化。將事物客體化、外部化到一種令人喪失所有敏感度，讓一個人內在麻木的程度，不是一件危險的事嗎？」

如果我們為了了解內在反應而將經驗客體化並檢視它，那麼我們便不會喪失敏感度，因為，這裡面有一種更大的整合與簡單，以及對實相毫無防備的敞開。然而，如果我們是為了逃避痛苦、逃避了解而將它客體化，那麼不敏感將會悄悄來到我們身上，我們會自我封閉，死亡也將隨之來臨。要在客觀的同時保持主觀與內在的覺察，是一件難事。這個過程也是一種靜心。

「我一直在努力嘗試，」她解釋道，「你一直在提倡的那種靜心方式，去徹底思考、細細體會每一個思想感受，那似乎會帶來更多的自由與了解。這幾年來，我嘗試了各式各樣的靜心、祈禱等等，但你所說的這些具有很大的啟發與澄清的效果。一個人能碰觸到思想與情感的更深處。」

我們知道對於一個客體的愛是什麼，那其中含有依賴、占有、恐懼等情緒。難道沒有本身已經完整具足的愛嗎？愛有自己的本質，它是不費力的。

90 正確的靜心

M大老遠前來，向我描述並詢問有關他的夢和靜心的事。他說他參加過幾次我的談話，很專心地傾聽了關於靜心的談話內容。他以前修習過一、兩種體系的靜心，包括將意念固定在一個對象上、培養某些品質、祈禱、強迫意念定止不動等等。這些全涉及了強烈的掙扎與緊繃，偶爾，它們會帶來平靜，但即便如此，那也是危險的。當他在修練不同體系的靜心技巧時，他發現自己會做充滿暴力、令人不安的夢。何以如此呢？最近，他依照建議嘗試去徹底探究並細細體會每一個思想感受。他的夢境改變了，他問我能談談這件事嗎？

他是一名學校老師，熱愛他的工作。他曾刻意少參加活動，下了許多工夫進行宗教上的思考。

正確的靜心能為我們解決許多難題，它蘊藏著我們大部分問題的解答。**正確的靜**

心是讓思想從一切的強迫、高壓與錯誤的努力中解脫。我們必須了解那隱藏在想要成為什麼、渴望達到與獲得背後的動機是什麼。若不從根本上了解這份衝動，正確的靜心便不可能發生。想要適應一個模式的欲望，無論它有多麼高貴、多麼理想化，都不是正確的靜心。

「我想我開始了解，」他回答道，「你為何如此強調這一點的原因了。正確的靜心是件難事，但它是一個結束的過程，而非一開始該去做的事，不是嗎？」

為什麼要藉著耽溺在酒醉狀態去認識何謂清醒？為什麼要在必須往北走的時候往南走？它是很困難，但是養成錯誤的觀點和修習方式，然後再去打破它們，不是一件更複雜、更困難的事嗎？這是在浪費力氣，不是嗎？因此，你必須在一開始的時候便認識何謂正確的靜心。付出努力的人必須了解他自己。他首先必須要能夠覺察，接著覺察到思想感受的因與果，以及它的二元過程，然後思考者及其思想必須融合為一體的經驗。**在這所有的事情當中，不可以有任何的強迫。**強迫、錯誤的努力等，都無法帶來了解。而且，恕我直言，你就是因為強迫自己的思想感受去適應某一種形式、成為一種預設好的公式，所以才會有暴力和令人不安的夢。錯誤的努力會製造出錯誤的結果。**要想獲得深刻而開闊的了解，就必須停止所有的努力**，這是一項艱難的藝術。那些夢境是你有意識地決定要獲得一個結果、要達成什麼的延續，這樣的決心並非正確的靜心。夢境是指示，而如何詮釋它取決於做夢者，如果做夢者關心的是模式、公式與強迫，而不是了解，他的夢就會是令人不安、迷惑的。但是，如果該做夢者，思考者，開始覺察到他的思想感受，並且盡可能深入而廣泛地徹底去思考、體會它們，那麼實相與了解所帶來的自由就會出現，而那就是透過自我認識與正確思維來從事正確靜心的開端。

任何形式的外力或強迫，都會妨礙一個人對實相抱持敞開的態度。你愈是能夠覺察你的思想感受、覺察你那接受教育的層層意識，覺察的強度就愈強烈，做夢者的夢就會愈少。那麼，睡眠會成為靜心，會帶來一種超越那受教育、受制約之意識的覺察。這是一項艱鉅的任務。思想會成為記憶，它攜帶著每一天的事件、經驗與意圖，讓接受教育的意識得以延續，並能強化它，使它變得更加開闊或更加狹隘。如果我們每一天都能認識死亡，完成一己的思想感受，不將它們攜帶至明天，在一天之中的每一刻都將心靈的負擔卸下，不讓它有任何殘留或形成傷痕，那麼就會有不死的狂喜。

BC1041R

你就是世界：
克里希那穆提90篇經典對話錄

The World Within:

You Are The Story Of Humanity

國家圖書館出版品預行編目(CIP)資料

你就是世界：克里希那穆提90篇經典對話錄/克里希那穆提(J. Krishnamurti)著；蔡孟璇譯. -- 二版. -- 新北市：橡實文化出版：大雁出版基地發行, 2024.03
面；　公分
譯自：The world within : you are the story of humanity.
ISBN 978-626-7441-06-0(平裝)
1.CST: 靈修
192.1　　113000298

作　　者　克里希那穆提（J. Krishnamurti）
譯　　者　蔡孟璇
責任編輯　田哲榮
協力編輯　朗慧
封面設計　黃聖文
內頁排版　李秀菊
校　　對　蔡函廷

發 行 人　蘇拾平
總 編 輯　于芝峰
副總編輯　田哲榮
業務發行　王綬晨、邱紹溢、劉文雅
行銷企劃　陳詩婷
出　　版　橡實文化 ACORN Publishing
地址：231030新北市新店區北新路三段207-3號5樓
電話：（02）8913-1005　傳真：（02）8913-1056
網址：www.acornbooks.com.tw
E-mail：acorn@andbooks.com.tw
發　　行　大雁出版基地
地址：231030新北市新店區北新路三段207-3號5樓
電話：（02）8913-1005　傳真：（02）8913-1056
讀者服務信箱：andbooks@andbooks.com.tw
劃撥帳號：19983379 戶名：大雁文化事業股份有限公司

印　　刷　中原造像股份有限公司
二版一刷　2024年3月
定　　價　450元
ISBN　978-626-7441-06-0